Les Études du Docteur Armitage

4

LES ÉDITIONS DE L'ŒIL DU SPHINX

36-42 rue de la Villette
75019 PARIS, France
www.œildusphinx.com
ods@œildusphinx.com

© 2016 LES ÉDITIONS DE L'ŒIL DU SPHINX

ISBN : 979-10-91506 -50-2
EAN : 9 791 091 506 502
Les Etudes du Docteur Armitage N°4
ISSN de la collection : 2267 — 8964
Dépôt Légal : juin 2016

La photo de couverture est signée Nifalion © (la salle du château de Tintagel)

IMAGINAIRE ET MAÇONNERIE

UN COLLOQUE ORGANISÉ PAR LAURIC GUILLAUD ET PHILIPPE MARLIN

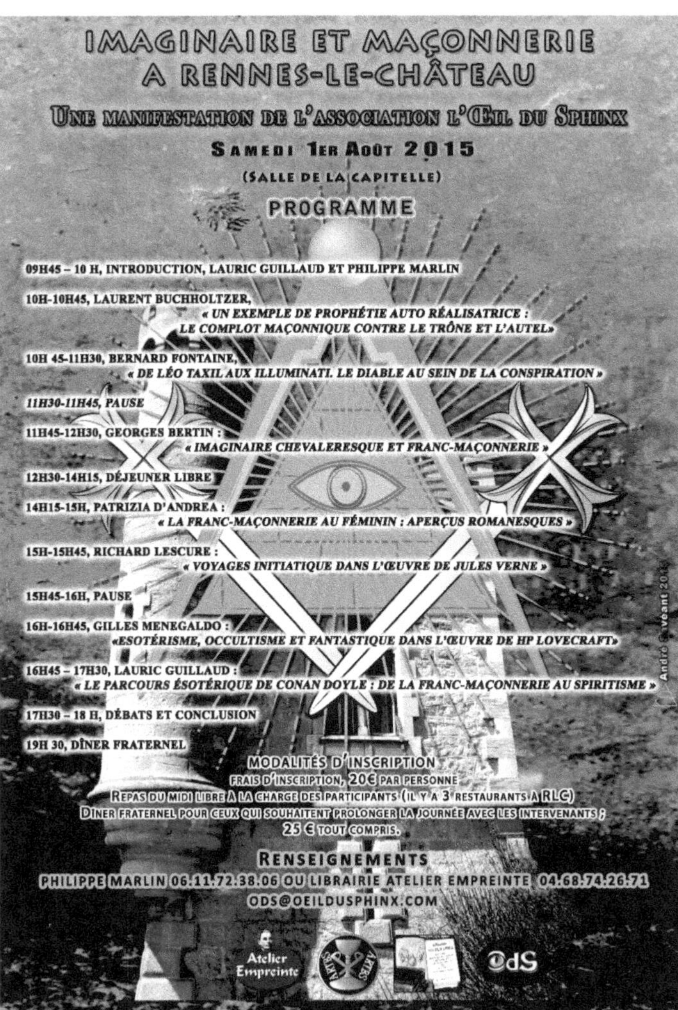

IMAGINAIRE ET MAÇONNERIE

UN COLLOQUE ORGANISÉ PAR LAURIC GUILLAUD ET PHILIPPE MARLIN

LES ÉDITIONS DE L'ŒIL DU SPHINX
36-42 rue de la Villette
75019 PARIS, France
www.œildusphinx.com
ods@œildusphinx.com

Lauric Guillaud, professeur émérite de littérature et de civilisation américaines à l'Université d'Angers, a publié nombre d'articles sur l'imaginaire anglo-saxon : les mondes perdus, l'Atlantide, le roman de la Frontière, les mythes américains, le gothique, le fantastique, le roman d'aventures, les détectives de l'étrange, C. B. Brown, Jack London, la Golden Dawn, etc. Ses principales publications incluent *Des mines du roi Salomon à la quête du Graal*, *La Terreur et le sacré : la nuit gothique américaine*, *Jules Verne face au rêve américain*, *King Kong, ou la revanche des mondes perdus*, *Nouveau Monde, autopsie d'un mythe* (Ed. Michel Houdiard), *L'Atlantide de A à Z* (Ed. E-dite, 2001, en collaboration avec Jean-Pierre Deloux) et *Le retour des morts* (Rouge Profond).

Philippe Marlin dirige l'association *L'Œil du Sphinx,* fondée en 1989, et dédiée aux Mondes de l'Imaginaire et aux Terres de l'Ailleurs. Après une période consacrée à la *small press*, il a créé en 2000 la SARL *Les Éditions de L'Œil du Sphinx* pour donner un support de qualité aux meilleurs des travaux des auteurs du groupe. La maison d'édition dispose aujourd'hui d'un catalogue de plus de 200 titres et a racheté début 2014 les éditions Edite de Jean-Christophe Pichon. Philippe Marlin a publié de nombreux articles dans diverses revues et ainsi que *Le Bibliothécaire du Razès* et *Les deux vies de Bérenger Saunière* (EODS, 2013).

Ces deux auteurs ont cosigné *Le Polar Ésotérique* (EODS, 2016)

L'IMAGINAIRE DE LA FRANC-MAÇONNERIE DANS LA LITTÉRATURE POPULAIRE : LE ROMAN MAÇONNIQUE ET ANTI-MAÇONNIQUE

Rennes-le-Château (1ᵉʳ août 2015)

Direction scientifique : Philippe Marlin et Lauric Guillaud

Porté d'abord par la culture antique, puis par la culture médiévale, l'imaginaire maçonnique a été nourri d'ésotérisme et de traditions spiritualistes, avant de remobiliser l'imagination symbolique à l'ère des Lumières et de réinsuffler du sacré à l'ère du « désenchantement du monde ». L'Ordre maçonnique fait pleinement partie du champ de l'étude sociale collective et de la recherche en sciences humaines. L'imaginaire maçonnique a dépassé le cadre de l'institution de la FM pour imprégner le monde social et artistique, tout en véhiculant nombre d'idées nobles ou stimulantes, mais aussi de nombreux fantasmes. Il en résulte pour le moins une image contrastée de la FM faite de paradoxes, de clichés et de préjugés. Si ce qu'on a appelé « anti-maçonnisme » a touché de nombreux secteurs de la vie sociale et religieuse, il s'est aussi exprimé dans l'art, surtout dans la littérature à des fins propagandistes ou satiriques. Très tôt, nombre d'auteurs de fiction ont puisé dans cette « halle aux trésors » de l'imaginaire maçonnique, de Goethe à Kipling, de Gérard de Nerval à Roger Peyrefitte, d'Alain Bauer et Roger Dachez à Eric Giacometti et Jacques Ravenne. Ainsi, depuis plus de deux siècles, la franc-maçonnerie suscite des « romans ». Ce n'est pas le seul genre littéraire concerné : tout au long du dix-neuvième siècle, de nombreux auteurs de théâtre ont écrit des pièces de boulevard mettant en scène des francs-maçons et les mystères de la franc-maçonnerie.

Nombre d'auteurs importants ont utilisé des thèmes maçonniques sans pour cela avoir été initiés (A. Dumas, A. Tolstoï, A. Gide, T. Mann, A. France, G. de Maupassant, J. Romains,

I. Calvino, A. Carpentier). Cependant, nous nous proposons dans ce colloque d'évoquer l'œuvre de romanciers francs-maçons afin d'en dégager une spécificité. Il s'agira de voir comment la fiction maçonnique, depuis la fin du 18e siècle, se plaît à jouer des symboles ou des archétypes, des schèmes initiatiques, des intrigues de l'Histoire et des complots réels ou fantasmés, des emprunts à la Tradition, aux rituels ou aux lieux institutionnels (Loge, Temple, parvis). Il est certes loisible de s'intéresser à des auteurs dits « classiques » (Goethe, Nerval, George Sand), mais nous tendrons à privilégier les auteurs de littérature « populaire » (en dépit de la couleur péjorative souvent associée à ce terme) qui ont trempé leur plume dans l'encrier de l'imaginaire maçonnique.

Nous pensons d'abord aux romanciers britanniques qui ont versé dans la fiction d'aventures (Walter Scott, Rudyard Kipling), le fantastique (Rider Haggard) ou le policier (Conan Doyle) sans oublier celles et ceux qui furent membres de la Golden Dawn (le plus souvent initiés) : Arthur Machen, Charles Williams, Dion Fortune, A. Blackwood, Aleister Crowley ou John Buchan. Aujourd'hui triomphe l'« éso-polar », ou polar ésotérique, véritable phénomène anthropologique ou sociologique. Le policier ou roman noir a été graduellement contaminé par d'autres genres — le polar fantastique ou historique, les détectives de l'étrange, le thriller. L'« éso-polar » allie énigme, suspense et révélation de secrets mystiques, religieux ou occultes, avec un arrière-plan privilégiant sociétés secrètes, conspirationnisme et eschatologie. Depuis la publication du *Da Vinci Code* (2003) de Dan Brown, on assiste ainsi à une réappropriation spectaculaire — pour le meilleur ou pour le pire — de l'ésotérisme à des fins purement romanesques. La littérature populaire avait usé et abusé des sociétés secrètes dans *Les Habits noirs* (1863-1875) de Paul Féval, *Joseph Balsamo* (1846-1848) d'Alexandre Dumas ou *Les Fils de Judas* (1867) de Ponson du Terrail. Les « polars maçonniques », tournant le dos à des décennies d'anti-maçonnisme primaire, réhabilitent cet ordre discret et continuent de passionner les lecteurs (Giacometti et Ravenne, Bauer et Dachez), aussi bien dans le roman que dans la bande dessinée (Convart). Dans *Le Symbole perdu* (2009), Dan Brown apportera sa pierre à l'édifice générique.

Le second versant du colloque sera précisément consacré au roman anti-maçonnique. D'une certaine façon, les délires d'un Léo Taxil peuvent être « taxés » de romanesques, de *La Franc-maçonnerie dévoilée* (1887) au *Diable au XIXe siècle* (1895). On y ajoutera : *Le Franc-maçon de la Vierge*, de Florent Bouhours, paru en 1888, *Le Juif franc-maçon*, de l'abbé Henri Desportes, paru en 1890, *Le Péril franc-maçon et le péril juif* (1895) de Georges Romain, pseudonyme de Georges Kestler, Clotilde Bersone, *L'Élue du dragon* (1929). Plus récemment, l'anti-maçonnisme fait partie de la trame du roman *Frabato le Magicien* (1979), de Franz Bardon et Otti Votavova, et celui d'Umberto Eco, *Le Cimetière de Prague* (2010).

IMAGINAIRE ET MAÇONNERIE

Une manifestation de l'association l'Œil du Sphinx
Rennes-le Château, le 1er août 2015
Salle Municipale de la Capitelle

001 — Lauric Guillaud & Philippe Marlin

Intervenants

9 h 45 — 10 h, Introduction, Lauric Guillaud et Philippe Marlin

10 h-10 h45, Laurent Buchholtzer, « Un exemple de prophétie auto réalisatrice : le complot maçonnique contre le Trône et l'Autel »

Si les manifestations critiques envers la franc-maçonnerie semblent aussi anciennes que l'institution elle-même, quelle influence prêter aux accusations de complot qui lui furent adressées à l'issue de la Révolution française et qui furent si énergiquement revendiquées par les francs-maçons eux-mêmes un siècle plus tard ?

Laurent Buchholtzer est un chercheur autodidacte qui s'intéresse à l'histoire et à la sociologie des phénomènes initiatiques. Il a publié *Rennes le château, une affaire paradoxale* (Œil du Sphinx 2008) et différents articles dans les revues *Politica Hermetica* et *Historia Occultae*.

10 h 45-11 h30, Bernard Fontaine, « de Léo Taxil aux Illuminati. Le Diable au sein de la conspiration »

Présentation de l'affaire Léo Taxil comme la source la plus importante impliquant la figure de Satan au sein de la notion de conspiration et son évolution depuis l'abbé Barruel. Cette présence du Diable n'était pas nouvelle, mais elle a pris une ampleur particulière avec l'œuvre populaire de Léo Taxil influençant le mythe illuminati et ses élites diaboliques.

Né en 1967, études de droit, libraire depuis 1994, auteur de nombreux articles et co-auteur de trois livres consacrés à l'ésotérisme chez J'ai Lu : *Des Sociétés Secrètes au Paranormal, Les Illuminati, Mystères et Merveilles de l'Histoire de France.*

11 h 45-12 h30, Georges Bertin : « *Imaginaire chevaleresque et franc-maçonnerie* »

La franc-maçonnerie en ses diverses approches se recommande volontiers de la tradition chevaleresque, les deux autres traditions convoquées étant le compagnonnage et la Bible. À la fin du 19e siècle et depuis, les Avaloniens et l'Ordre international des chevaliers et dames de la Table Ronde mentionnent à l'inverse leurs racines maçonniques. Nous tenterons de mettre en évidence ces croisements d'influence et leurs réceptions.

Georges Bertin est chercheur en sociologie, socio-anthropologue, docteur en sciences de l'éducation, habilité à diriger des recherches en sociologie. Il est directeur des recherches en sciences sociales au CNAM Pays-de-la-Loire. Il est membre du GRECO CRI, groupement de recherches coordonné des centres de recherche sur l'Imaginaire et dirige à Angers et au Mans le Cercle de Recherches Anthropologiques sur l'Imaginaire (CRAI). Il est aussi membre de la Société arthurienne internationale, président fondateur de l'association CENA. Il s'intéresse particulièrement à l'imaginaire (socio-anthropologie de l'Imaginaire), aux travaux jungiens et reichiens, aux mythes, au symbolisme.

Principaux ouvrages : *Une société du sacré ? Sacralisation, désacralisations et re-sacralisations dans les sociétés contemporaines* (avec Céline Bryon-Portet). (Esprit Critique, juillet 2014). *Figures de l'Utopie, histoire et actualité*, avec Christine Bard et Lauric Guillaud. (PUR, 2014). *La tribu du lâcher prise, mythes et symboles du chemin de Compostelle.* (éd du Cosmogone, Lyon, 2014). *Les imaginaires du Nouveau Monde*, (avec Lauric Guillaud). (Mens Sana, 2011). *De la Quête du Graal au Nouvel Âge, initiation et chevalerie.* (Vega, 2010). *La coquille et le bourdon, essai sur les imaginaires du chemin de Compostelle.* (L'à Part, 2010). *Présence de l'Invisible, les apparitions dans l'Ouest*, (direction) (L'à Part, 2010). *La Pierre et le Graal, une expérience de quête initiatique.* (Vega, 2006). *Druides : les Maîtres du temps, les prêtres et leur postérité* (avec Paul Verdier). (Dervy, 2003). *Apparitions-disparitions*, (direction) (Desclée de Brouwer, 1999). *La quête du Saint Graal et l'imaginaire.* (préface de Gilbert Durand). (Corlet, 1997).

14 h 15-15 h, Patrizia d'Andrea : « La franc-maçonnerie au féminin : aperçus romanesques »

Les romans de franc-maçonnerie, publiés à foison aujourd'hui, prennent naissance dans les mêmes paradigmes du XIXe siècle entre polar historique et intrigue romanesque. Quelles variantes, quels enjeux, quels motifs suscitent les femmes dans le traitement du thème ? Quelle est *La franc-maçonnerie des femmes* décrite par les hommes, comme la désigne le titre du roman de Charles Monselet (1856) ? Et aussi, est-ce que les romans écrits par des femmes, maçonnes, s'en distinguent et comment ?

Patrizia D'Andrea est docteur en Littératures comparées de l'Université Paris IV-Sorbonne. Sa thèse fait l'objet du livre *Le Spiritisme dans la littérature de 1865 à 1913 : perspectives européennes sur un imaginaire fin-de-siècle*, publié aux éditions

Honoré Champion en 2014. Elle est spécialisée sur les questions de fantastique, ésotérisme, magie et anticipation dans la littérature du tournant de siècle (XIXe–XXe), dans les domaines français, italien et anglais. Elle a publié des articles et des chapitres d'ouvrages sur Remy de Gourmont, Catulle Mendès, Victorien Sardou et Malcolm de Chazal. Ses derniers travaux portent sur John-Antoine Nau (1860-1918) et Gaston de Pawlowski (1874-1933).

15 h-15 h45, Richard Lescure : « Voyages initiatiques dans l'œuvre de Jules Verne »

Cette communication se propose d'analyser, dans quelques ouvrages de Jules Verne, la question de la démarche initiatique telle qu'elle apparaît à différents niveaux : passage de l'enfance/adolescence à l'âge adulte, initiation symbolique, rituélique, voyages compagnonniques, etc. L'œuvre de J. Verne sera examinée sous l'angle du scénario du voyage vers l'inconnu, la confrontation à la mort, où les héros sont exposés à des séries d'épreuves qui vont transformer radicalement l'homme « profane » et lui permettre de « renaître ».

R. Lescure est docteur en linguistique et phonétique-Enseignant-chercheur en sciences du langage (Maître de Conférences à l'université d'Angers et Professeur Honoris Causa de l'Université de Véliko Tarnovo, Bulgarie). Spécialiste de didactique des langues, auteur d'ouvrages dans le domaine de l'Évaluation. Directeur de collections et auteur d'une quinzaine d'ouvrages et manuels. Ouvrage de poésies : *Trois saisons un été.*

15 h 45-16 h, Pause

16 h-16 h45, Gilles MENEGALDO : Esotérisme, occultisme et fantastique dans l'œuvre de HP Lovecraft

Lovecraft a longtemps été entouré d'un certain mystère, et son œuvre a suscité des interprétations qui se sont effondrées à la fin des années soixante avec la publication de sa volumineuse correspondance. Serge Hutin et Jacques Bergier, notamment, ont contribué à répandre l'idée d'une création lovecraftienne ésotérique, alors que l'auteur l'a voulue purement fictionnelle. Il est cependant évident que la notion de secret tient une grande place chez Lovecraft, mais elle est liée à des intentions de fiction fantastique conséquence de l'interdit et au savoir transgressif. Ces secrets seraient cachés au cœur des choses et pourraient être déchiffrés. Ils ne sont connus que des initiés et transmis par la tradition. Certains grimoires ou ouvrages contiendraient aussi des secrets (d'où l'importance de la « bibliothèque imaginaire » dans l'œuvre). Les héros lovecraftiens doivent décoder des signes qui mettent en cause leurs certitudes ou leur identité dans des histoires qui adoptent souvent une structure de récits initiatique. Lovecraft a beaucoup lu dans le domaine de l'ésotérisme comme en témoignent sa correspondance et aussi ses œuvres, mais il se sert de ces références comme matériau au profit d'un projet esthétique qui repose, en bonne partie, soit sur le brouillage des signes, soit sur leur prolifération excessive, ce qui contribue à susciter des effets fantastiques très efficaces.

Professeur émérite de littérature américaine et cinéma (université Poitiers). Fondateur et ancien directeur de la filière Arts du spectacle, président d'honneur de la SERCIA. Auteur de *Dracula, la noirceur et la grâce* (avec AM Paquet-Deyris, 2006). Auteur de nombreux articles sur la littérature fantastique et de SF anglo-saxonne et le cinéma hollywoodien (fantastique, SF, policier, etc.) et sur le cinéma de Woody Allen. Éditeur ou co-éditeur d'une vingtaine d'ouvrages collectifs dont *HP Lovecraft, fantastique, mythe et modernité* (Dervy, 2002), *R.L. Stevenson et A. Conan-Doyle, regards croisés, (*Terre de Brume*, 2003), Jacques Tourneur, une esthétique du trouble* (CinémAction, 2006). Derniers ouvrages dirigés : *Manières de noir* (avec M. Petit, PU Rennes, 2010), Gothic N.E.W.S, Michel Houdiard, 2011, *Persistances gothiques dans la littérature et les arts de l'image* (avec L. Guillaud, Bragelonne, Janv. 2012), *Europe et Hollywood à l'écran : regards croisés* (Michel Houdiard, nov. 2012), *King Vidor, odyssée des inconnus* (avec Jean-Marie Lecomte, CinémAction, septembre 2014). Paru en 2015 *Le western et les mythes de l'ouest* (avec Lauric Guillaud). En préparation, ouvrage sur Sherlock Holmes, suite au colloque de Cerisy d'août 2014 (avec Hélène Machinal et Jean-Pierre Naugrette).

16 h 45 — 17h30, Lauric Guillaud : « Le parcours ésotérique de Conan Doyle : de la franc-maçonnerie au spiritisme »

Conan Doyle, spiritualiste et franc-maçon, à l'instar de ses contemporains (Kipling, Haggard), était loin d'être insensible à l'appel de l'occulte. Familier des sociétés discrètes ou secrètes, il en utilisa les ressorts dramatiques pour plusieurs histoires de Sherlock Holmes. Doyle entretint un rapport complexe avec ce monde occulte, entre croyance et méfiance (conspirationnisme dans *La Vallée de la peur*, 1915), avant de sacrifier son œuvre au spiritisme (*Au pays des brumes*, 1926).

17 h 30 — 18 h, Débats et conclusion

Laurent Buchholtzer

002 — Laurent Buchholtzer

Un exemple de prophétie auto réalisatrice :
le complot maçonnique contre le Trône et l'Autel

Pour gouverner, il vaut mieux une idée simple que tout le monde applique qu'une idée compliquée que personne ne comprend.

Franc-maçonnerie et anti maçonnerie sont un couple sociologique ancien. Pour vous donner une idée de la concomitance des deux phénomènes, posons quelques dates. La franc-maçonnerie moderne nait en juin 1717. Elle se dote de constitutions, dites constitutions d'Anderson qui sont imprimées en 1723, c'est-à-dire la même année et dans la même ville, Londres, que la première divulgation maçonnique imprimée : *A mason's examination.*

Si je parle de couple sociologique, c'est que le phénomène que nous allons décrire est classique. Je vous renvoie en particulier aux travaux de Ron Jones et de l'école de psychologie de Stanford ainsi qu'aux adaptations littéraires et cinématographiques qui en ont été tirées. Pour résumer, un groupe humain ne peut pas se constituer à part sans que le milieu humain environnant ne réagisse à leurs revendications.

La franc-maçonnerie du XVIIIᵉ siècle, avec ses rites d'entrée sélectifs, la revendication d'une barrière entre maçon et profane, la prétention exclusive d'un secret, représente typiquement un phénomène de ce genre.

Au XVIIIᵉ siècle, la réaction en France comme dans le reste de l'Europe continentale est d'abord la méfiance, essentiellement contre la notion de secret. Les premières réactions des opposants à la franc-maçonnerie, puisque celle-ci prétend détenir un secret, est de les divulguer au grand public. Comme en Angleterre, le phénomène fut précoce.

Posons à nouveau quelques dates : la plus ancienne loge attestée date probablement de 1725, mais le phénomène reste strictement réservé aux immigrés anglais jusque vers le début des années 1730. C'est dès 1734 que les pouvoirs publics, par l'intervention du lieutenant de Police René Hérault, vont faire publier la plus ancienne divulgation en langue française : *Réception d'un franc-maçon*, suivie quelques années plus tard par *Le secret des francs maçons* de l'abbé Perau. Dans les premières années du XVIIIᵉ siècle, c'est 14 ouvrages du même type qui seront publiés par des auteurs divers.

Si je vous pose ces faits, c'est pour mieux souligner l'aspect contre-intuitif du résultat obtenu. Tout d'abord, l'abbé Perau, auteur de la seconde divulgation, sera initié franc-maçon quelques jours après la publication de son ouvrage.

Mais surtout, l'idée de nuire à la franc-maçonnerie par la divulgation du secret qui semble leur marque de fabrique va se révéler totalement contre-productive. D'une part, c'est une formidable publicité qui est faite à une association alors plutôt subreptice. D'autre part, ces divulgations vont avoir une influence prépondérante sur la diffusion des rituels maçonniques.

En effet, lorsque les rituels maçonniques sont importés en France, ils ne sont pas aussi bien organisés, voire formatés que de nos jours. Il s'agit essentiellement d'usages oraux reproduits en petits comités. Il existe de ces époques quelques catéchismes manuscrits plus ou moins fragmentaires, c'est-à-dire des échanges par questions et réponses qui ne peuvent guère servir qu'aux personnes connaissant les usages allant avec.

Grâce aux divulgations, les frères disposent du premier rituel complet et imprimé. S'ils manquent des parties à leurs transcriptions, ils trouveront le complément dans Pérau. S'il leur manque un détail concernant l'organisation d'une réunion, Pérau leur sera d'une aide précieuse. Et s'ils n'y connaissent rien à la maçonnerie, mais sont tentés par l'ouverture d'une loge, tout le nécessaire est dans Pérau.

La question n'est plus de savoir si Pérau rend compte des usages naissants de la maçonnerie, mais de savoir en quoi les usages naissants de la franc-maçonnerie rendent compte de Pérau.

C'en est vrai à tel point que les historiens modernes de la franc-maçonnerie s'interrogent sur l'influence réelle que les divulgations de la première moitié du XVIIIe siècle ont eu en faveur du développement de l'association. Car elles n'ont clairement pas nui, contrairement au projet d'origine.

Enfin, notons que l'une des motivations à l'élaboration des statuts d'Anderson était justement de réguler des usages variables au sein des loges, mais que la diffusion de ce document en France fut totalement confidentielle.

Ainsi nous comprenons bien que le résultat des relations entre maçonnerie et anti maçonnerie peuvent être contre-productifs, contre-intuitifs et pour tout dire aussi curieux que bizarres.

C'est l'une de ces oppositions, parce qu'elle a eu un résultat complètement démesuré, que je voudrais ici vous décrire en détail. C'est la fameuse accusation de *complot contre le Trône et l'Autel.*

Cette accusation de complot naît à l'issue de la Révolution française. Pour bien la comprendre, il faut mettre en lumière le milieu dont elle est issue et qui a assuré sa publicité.

D'un point de vie historique, les origines de la Révolution française ont été longuement étudiées par des auteurs qui mettent en lumière des causes concordantes : le décalage entre une évolution des mentalités datant déjà alors de plus d'un siècle et un régime avec des usages obsolètes et discrédités.

Il suffit de lire les mémoires de Talleyrand concernant cette période pour comprendre le complet discrédit dans lequel vivait l'ancien régime à la veille de la Révolution française. Le prince de Bénevent souligne en particulier que dans un procès entre un particulier et l'État, un juge mettait alors un point d'honneur à condamner l'État.

Pourtant, les principaux tenants de ce qu'on appelle justement *l'ancien régime* vivent dans un déni de la réalité absolu. Exilés en Belgique, Hollande ou en Angleterre, ils ne comprennent absolument pas le phénomène révolutionnaire, dont ils n'ont pas saisi les causes réelles et anciennes. Pour ce groupe, attaché à la monarchie et à la religion, la Révolution française a frappé par surprise comme *un coup de tonnerre dans un ciel bleu.* Ils sont d'autant plus opposés aux nouvelles idées qu'ils les trouvent *miraculeusement mauvaises.*

Ces exilés vivent à l'étranger dans un état d'incompréhension totale des évènements qui les ont durement touchés. N'hésitons pas à parler d'état de choc ni de traumatisme les concernant. Ils reconstituent, dans les capitales étrangères qui les ont accueillis, des groupes qui cherchent désespérément des explications à ce qu'ils considèrent comme un drame incompréhensible. C'est cette attente du public qui va être satisfaite par quelques auteurs, issus du même milieu.

Ce sont surtout les abbés Lefranc et Barruel qui vont diffuser la thèse suivante : si l'ordre du monde a été détruit sans préavis, c'est qu'il y avait un complot préalable dirigé contre les deux fondements de l'ancien régime, *le Trône et l'Autel*, c'est-à-dire contre la monarchie et la religion. Et ce complot d'envergure ne peut avoir été mené que par une société secrète d'envergure, la seule connue à l'époque, la franc-maçonnerie.

Comme de nombreux nobles exilés avaient eux-mêmes été francs-maçons et étaient donc bien placés pour savoir qu'on ne conspirait pas particulièrement en loge, ce complot est décrit comme une manipulation interne dont aurait été victime la franc-maçonnerie elle-même et dont les coupables désigné sont les illuminés de Bavière, les fameux *Illuminati*.

Notons deux points : le premier est la structure paranoïde de cette thèse, probablement un des premiers exemples de pensée conspirationniste. La seconde est son absolue fausseté du point de vue objectif. J'insiste sur ce second point, la fausseté absolue de cette thèse, car elle est devenue très populaire et a durablement marqué les esprits. De nos jours encore, de nombreuses personnes continuent de s'interroger sur le rôle réel de la franc-maçonnerie dans la Révolution française. Nous reviendrons sur sa réfutation à la fin de mon intervention.

La publication de l'ouvrage de Barruel, *Mémoire pour servir à l'histoire du jacobinisme*, va rencontrer un vif succès au sein de ces milieux exilés, succès qui va assurer la diffusion de l'idée dans la décennie suivante. À l'occasion de la restauration, ils reviennent, selon le mot d'alors *sans avoir rien appris, sans avoir rien oublié* et bien entendu avec une méfiance, illégitime, mais forcenée, vis-à-vis de la franc-maçonnerie.

Ce qui va se passer ensuite avait été très bien décrit par un franc-maçon contemporain dont le nom est bien connu à Rennes-le-Château, François Marie de Chefdebien. En 1806, il écrit déjà *Ceux de mes FF qui ont été en Espagne ou ont lu ces ouvrages ne veulent plus entendre parler de la LL ou de MM. Si tous les plus honnêtes gens nous quittent, seront nous bien flattés, vous et moi, de n'être qu'avec ceux qui n'ont ni foi, ni loi.*

Car c'est alors bien ce qui va se passer. Comme vous l'avez compris, tout noble, tout catholique, tout esprit d'Ancien Régime évitera désormais, sur la base des allégations de Barruel, d'intégrer la maçonnerie. À l'inverse, l'effet de publicité joue, là encore, à plein : tout républicain, tout athée, tout esprit progressiste voit la franc-maçonnerie désignée comme l'association à laquelle il doit adhérer pour espérer faire progresser ses idéaux.

Laissez une à deux générations passer et dès les années 1850, vous avez deux groupes parfaitement constitués qui s'opposent férocement. Pour caricaturer leur dialogue, je dirais que vous avez d'un côté des gens qui accusent les francs-maçons, de façon tout à fait délirante rappelons le, d'être les instigateurs de la révolution contre *le Trône et l'autel* et de l'autre, des gens qui de façons tout aussi délirantes leur répondent *oui, et nous en sommes fiers*. On ne s'étonnera donc pas qu'une idée aussi bien partagée ait pu marquer les esprits jusqu'à nos jours.

Bernard Fontaine

La figure du Diable dans l'antimaçonnisme

Suite à un empêchement, Bernard Fontaine a été remplacé par Geneviève Beduneau qui a commenté sa contribution.

003 — Geneviève Béduneau

Il ne faut pas confondre la figure du Mal et celle du Diable ou Satan apparaissant dans la bible hébraïque et qui donnera lieu à une toute autre interprétation au sein du christianisme et plus particulièrement au sein du protestantisme.

La personnification de la figure du mal apparaît au sein du monothéisme, mais prend sa source dans une relecture de croyances issues du Moyen-Orient. Dans les croyances anciennes, le bien et le mal étaient issus d'une même déité. Ainsi en Mésopotamie, le Soleil est à la fois Shamash (c'est à dire bénéfique) et Nergal. Dans ce dernier cas, il est représenté sous son aspect malfaisant apportant les fièvres. Le rôle de cette divinité change selon les saisons apportant récoltes ou sécheresses.

Pour prendre un autre exemple connu, Pazuzu, exploité au cinéma dans le fameux film *L'Exorciste*, cette entité que l'on devrait plutôt qualifier de génie, remplit aussi un rôle de protection lors des cérémonies d'exorcisme.

Le dualisme apparaît dans l'épopée de Gilgamesh où s'affrontent deux principes qui finissent par s'unir contre la figure d'Huwawa personnification d'une figure maléfique. Les Enfers sont considérés comme le lieu de refuge de tous les morts.

La dualité entre deux principes, bon ou mauvais, prend tout son sens avec la réforme de Zarathoustra. Ce dernier décrit Ahura Mazada comme le dieu apportant chaleur et lumière. À celui-ci est subordonné Ahriman. Il est l'esprit trompeur, règne par l'illusion et n'a de pouvoir que pour soumettre les êtres humains à la tentation. Il s'agit d'un dualisme mitigé où Ahriman n'a de pouvoir que parce qu'il est soumis à Ahruda Mazda. Il remplit le rôle de Démiurge.

Dans la bible hébraïque et plus précisément dans le *Livre de Job*, « satan » est à la fois un verbe qui signifie accuser ou diffamer et un nom commun s'appliquant à des êtres humains ou des êtres célestes signifiant « adversaire ». C'est à partir de la période du second Temple que le terme « Satan » se confond avec le nom d'un démon. Il faut y voir une influence du dualisme zoroastrien. Mais le judaïsme reste explicitement monothéiste et Satan est identifié au Serpent de l'Eden ou à l'ange déchu et ne peut remplir qu'une fonction visant à éprouver le croyant.

Dans le christianisme primitif, le « Diable » n'apparaît pas. Il faut attendre la publication de deux textes pour voir petit à petit cette figure prise en compte. Il s'agit du livre d'Athanase Patriarche d'Alexandrie intitulée *La vie de Saint Antoine*, puis dans *Les Confessions* de Saint Augustin. Ancien manichéen, il a conscience de l'existence d'un principe du Mal, mais il a abandonné la croyance en un dualisme absolu.

Le Diable en tant que puissance maléfique ayant un grand pouvoir sur terre et sur les hommes ne prend d'importance en Occident au sein du Christianisme qu'entre les XIVes siècle et XVIIe siècles marqués par la grande peste et le refroidissement climatique. La notion de Synagogue de Satan[1] venue du texte de

---

[1] La Synagogue de Satan est une notion qui apparaît dans l'Apocalypse de Saint Jean. Il s'agit d'une église composée de personnes se disant juifs (au sens spirituel) et qui ne le sont pas. Les juifs ici sont ceux qui suivent la parole du christ.

l'Apocalypse est reprise et donnera lieu à une exploitation détournée au sein de la littérature conspirationniste à partir du XIXe siècle. Le Protestantisme va largement exploiter la figure du mal par une relecture et une réinterprétation de l'Ancien Testament, le livre de Job, de la figure du Serpent de la Genèse et du texte de Saint-Augustin par Calvin.

L'idée d'un culte satanique confondu avec ledit phénomène des sorcières va prendre forme en Occident faisant du Diable une créature de plus en plus puissante et parfois confondue avec la figure hérétique du Démiurge tout puissant. Dans la deuxième partie du XIXe siècle jusqu'au XXe siècle se développe une littérature où est décrit par exemple un culte satanique pratiqué par les Juifs zélés serviteurs de la « Synagogue de Satan » [2] ou les Templiers et leur supposée croyance en un démon caché sous la figure du Baphomet. Aujourd'hui c'est une certaine élite financière cachée sous le nom d'Illuminati qui se voit visé par cette dénonciation.

Cette vision d'un culte satanique prend sa source dans une littérature conspirationniste. Le XVIIIe siècle est marqué par l'apparition d'une philosophie contestant le pouvoir en place, à savoir principalement en France une monarchie de droit absolu représentant un pouvoir détenu par l'assentiment de l'autorité spirituelle représentée par l'Église catholique romaine.

Cette philosophie est soutenue en partie par la Franc-maçonnerie. Nous n'avons pas ici le temps de traiter de ses origines, mais de son apparition en France dans les années 1720 et de la naissance d'une polémique à travers pamphlets et études s'interrogeant sur le rôle de celle-ci : société philadelphique et philanthropique ou conspirant contre l'Autel et la Couronne ? Cette dernière interprétation est renforcée par la publication de bulles d'excommunication à l'encontre des Francs-maçons par les papes Clément XII (1738) et Benoit XIV (1751). S'ouvre une nouvelle polémique pour savoir s'il s'agit d'une société secrète ou à secret et si ce secret relève de la notion de péché.

Le livre de référence dénonçant un vaste complot est publié après la Révolution française sous le titre *Mémoire pour servir à l'Histoire du Jacobinisme*. Il prétend dénoncer les véritables origines de la Révolution française à travers trois complots se synthétisant autour de l'idéologie jacobine : la philosophie des lumières, la Franc-maçonnerie et les Illuminés de Bavière.

Cette notion va être reprise au XIXe siècle pour dénoncer la Franc-maçonnerie.

Cette dernière société secrète politique a bel et bien existé. Elle visait à réformer la société civile en infiltrant la Franc-maçonnerie. Elle réussit en partie à le faire, recrutant par exemple Mirabeau. L'historien franc-maçon Charles Pors a donné une nouvelle lecture objective de ce livre, reconnaissant le sérieux de son travail, même s'il n'en partage pas certaines conclusions.

Le Diable n'apparaît pas dans le livre de Barruel même s'il semble qu'il ait envisagé de l'intégrer dans son œuvre sans qu'il n'ait eu le temps de le faire.

La littérature conspirationniste va se développer au cours du XIXe siècle et donner naissance à différents courants dont l'un composé de chrétiens dénonçant derrière les évènements révolutionnaires la main du Diable. Ce dernier agit soit directement comme le pensait Joseph Bizouard dans *Des rapports de l'homme avec le démon* (1854) soit par l'intermédiaire de ses serviteurs qui, selon Mgr Meurin ou encore Georges Gougenot des Mousseaux, ne sont autres que les kabbalistes. Via la Haute maçonnerie ou les arrières loges, la « race juive », selon les termes de l'époque, joue le rôle d'intermédiaire entre le Diable et les gentils. Il s'agit d'une thèse anti-judaïque qu'il ne faut pas confondre avec les œuvres d'Edouard Drumont qui dénonce dans son œuvre une action politique juive — et non religieuse — où le diable n'a pas sa place et il sera de ceux qui mettront en garde contre l'œuvre de Léo Taxil.

En avril 1897, un certain Léo Taxil alias Gabriel Antoine Jogand-Pagès devant une assemblée de journalistes, ecclésiastiques et Francs-maçons avoue que tout ce qu'il avait publié depuis plusieurs années sous le prétexte de dénoncer les coulisses de la Franc-maçonnerie n'était qu'une farce visant à se moquer aussi bien des anti maçons que des Franc-maçons.

En effet, de 1885 à 1897, Léo Taxil publie des milliers de pages où il prétend dévoiler le véritable but de la Franc-maçonnerie : assurer le règne définitif du Diable sur terre à travers un culte qui lui est rendu grâce à une doctrine particulière : le Palladisme. Il va travailler à partir d'une importante documentation tout en s'assurant quelques complicités. Il réussira à faire croire à l'existence d'une des figures majeures de son œuvre : Diana Vaughan.

Il est à noter que Léo Taxil ne dénonce pas le juif comme agent du mal et a toujours montré sa répugnance à ce qu'il appelle la « juvomanie ».

Cette affaire Léo Taxil reste encore prise au sérieux par une frange minoritaire du milieu catholique dit intégriste français et a donné lieu à une étude très documentée prétendant apporter des preuves de la véracité d'une partie du texte taxilien. On peut le trouver en partie publié sur le site internet sourcesretrouvees.free

Cette affaire a eu trois conséquences principales :

1) diviser le milieu anti-maçon, mais aussi une partie de la franc-maçonnerie, certains étant gagnés par certaines idées taxiliennes.

2) l'idée que l'œuvre de Léo Taxil révèle la vérité dans le but de discréditer toute lutte contre la Franc-maçonnerie.

3) elle est la première source moderne de la croyance en l'existence d'un vaste réseau mondial sataniste.

René Guénon dénonça cette supercherie des années plus tard, espérant éviter toute résurgence. Il travailla un temps en collaboration avec Albin Clarin de la Rive qui fut un temps un collaborateur sincère de Léo Taxil avant d'enquêter et de découvrir qu'il s'agissait d'une supercherie. René Guénon a dénoncé plusieurs fois toute tentative de résurgence et de récupération de l'œuvre de Taxil en suivant de près les travaux de la *Revue Internationale des Sociétés Secrètes* qu'il aimait qualifier de nids de sorciers ou encore en apportant la critique aux travaux de Roger Duguet ou la tentative avortée de relancer l'affaire Taxil avec les prétendus mémoires de Clotilde Bersone, *L'élue du Dragon*. Il rétablit une vision qu'il considère comme traditionnelle du Satanisme dans son livre *L'erreur spirite*. Il y dénonce entre autres la figure d'un authentique sataniste en la personne du Chevalier et général belge Le Clément de Saint Marcq, auteur d'un opuscule intitulé *l'Eucharistie* où il y défend une théorie très particulière que René Guénon n'osa pas qualifier et qui fit scandale à l'époque : la spermatophagie. Cet auteur influença Aleister Crowley ou encore Théodor Reuss que René Guénon dénonça comme des agents de la contre-initiation.

La notion de contre-initiation exposée par René Guénon est une tentative de correction entre autres du délire sataniste taxilien qui reprend aujourd'hui force avec la toile internet. Il y fait principalement référence dans son livre *Le règne de la quantité* et il y consacre un chapitre intitulé « De l'antitradition à la contre initiation ». Selon René Guénon, l'une des possibilités de la manifestation cyclique — il fait référence à la doctrine des cycles qu'il exposa dans son œuvre en prenant pour source la doctrine hindoue — est l'existence de ce qu'il nomme contre-initiation. C'est-à-dire une contre-hiérarchie spirituelle préparant la dissolution lors de la phase ultime du Kali Yuga. Il dénonça dans son œuvre certains courants (comme le Frankisme ou le Très Haut Lunaire) ou personnalités agents de ces derniers (Robert Ambelain, Fulcanelli ou encore Schwaller de Lubicz). Cette notion de contre-initiation permet à Guénon de préciser ce que l'on doit entendre par satanisme. :

« Quoi qu'il en soit, ce qui permet que les choses puissent aller jusqu'à un tel point, c'est que la "contre-initiation", il faut bien le dire, ne peut pas être assimilée à une invention purement humaine qui ne se distinguerait en rien, par sa nature, de la "pseudo-initiation" pure et simple ; à la vérité, elle est bien plus que cela, et pour l'être effectivement il faut nécessairement que, d'une certaine façon, et quant à son origine même, elle procède de la source unique à laquelle se rattache toute initiation, et aussi, plus généralement, tout ce qui manifeste dans notre monde un élément "non humain" ; mais elle en procède par une dégénérescence allant jusqu'à son degré le plus extrême, c'est-à-dire jusqu'à ce "renversement" qui constitue le "satanisme" proprement dit. » (René Guénon).

Nous en sommes bien loin avec la vision caricaturale d'un complot sataniste, véritable retour en force de la vision taxilienne, qui a pris des proportions incroyables avec internet. Une rumeur plus ou moins entretenue depuis les années 80 met en parallèle certaines affaires criminelles souvent à connotation pédophile liées à des réseaux organisés et satanisme.

Aux États-Unis, le sociologue italien Massimo Introvigne a analysé la vague anti-sataniste américaine en démontrant qu'elle se basait sur des rumeurs, une idéologie évangéliste de plus en plus influente et des affaires criminelles réelles, mais n'ayant rien à voir avec un quelconque culte sataniste international. L'ouvrage le plus important sur le sujet intitulé *The Ultimate Evil* à été publié par un reporter américain. Il n'a pas été traduit à ce jour en France, mais il est connu à travers trois articles de Dominique Cellura dans *New Look* (mars, avril, mai 1987) puis donna lieu à la publication d'un livre, *Les cultes de l'enfer*. Maury Terry dénonce dans une enquête de 640 pages une stratégie de la tension existant depuis les années 1970 sur le territoire américain où seraient liés des groupes lucifériens comme Process of the Judgement ou se déclarant sataniste comme l'église de Set. Cette dernière a été créée par le colonel de réserve Michael Aquino — spécialiste de la manipulation mentale et authentique sataniste (au sens taxilien). Il a été suspecté dans une affaire de réseau pédophile sur une base militaire américaine. Maury Terry base une partie de son investigation sur des enquêtes privées d'un ancien membre du FBI. Ce dernier est connu pour sa dénonciation du complot Illuminati.

La France a été touchée par ce type de rumeurs et a connu son expansion avec une authentique enquête de journalistes de FR3 diffusée en 1999 et que l'on peut retrouver sur la toile. Elle relate, entre autres, l'existence et le démantèlement d'un réseau pédophile exerçant un rituel digne de Léo Taxil.

Après sa sortie, cette émission a été interdite de diffusion ; la magistrate Martine Bouillon qui y affirmait qu'un charnier d'enfants avait été découvert en Seine-et-Marne fut radiée des cadres de la magistrature et ses allégations démenties par le Garde des Sceaux.

Cette émission tourne en boucle sur internet et de nombreux sites conspirationnistes la reprennent pour y dénoncer la preuve de l'existence d'un culte sataniste. L'un des auteurs emblématiques de la sphère catholique traditionaliste (bien que controversé dans son propre camp) publie de nombreux articles à ce sujet ainsi qu'un livre, *Pédocriminalité et satanisme,* où il tente tant bien que mal d'instrumentaliser affaires pédophiles liées à l'existence de réseaux mafieux ou d'affaires criminelles particulièrement nauséabondes comme en Angleterre où la complicité de certains Francs-maçons ne fait aucun doute.

Mais doit-on y voir les griffes du diable ? Ces rituels dénoncés ne sont-ils pas des décorum permettant un moyen de désinhiber les participants à des partouzes particulières ? Enfin l'existence de réseaux mêlant mafia et services secrets, peut être même sectes internationales ne serait-elle pas en lien avec une guerre occulte permettant de tenir certaines élites d'un pays ou un moyen de déstabiliser un régime politique ?

Georges Bertin

Imaginaire chevaleresque et franc-maçonnerie

Suite à un empêchement, Georges Bertin a été remplacé par Lauric Guillaud qui a commenté sa contribution.

004 — Lauric Guillaud

La Réception de la Légende Arthurienne dans les sociétés initiatiques et chevaleresques modernes et contemporaines.

Pour le sociologue, l'anthropologie religieuse est science des mutations[2], elle souligne le paradoxe qui existe entre changements vécus et commémoration des origines. Elle articule ainsi les points de vue du mythe, moment où le présent a incarné l'éternel, et les ruptures de sens qui se font jour sous l'influence des contextes socioculturels.

La question de la réception de la Légende arthurienne ne fait pas exception à cette problématique.

---

[2] Bastide Roger, *Le sacré sauvage*, Payot, 1975, p.95.

De fait, si l'on observe les groupes humains organisés qui se réclament des mythes arthuriens, on constate que, par exemple, la distance est grande entre les bandes de guerriers celtes du 6ᵉ siècle de notre ère qui combattaient dans les tribus de Domnonée sous les ordres d'un chef de guerre nommé Artur ou Artorius, et les mêmes, restitués par les romans des 12ᵉ et 13ᵉ siècles dans le contexte de la chevalerie de l'époque. Ils sont autres, par exemple chez les Rose Croix ou les Chevaliers du Saint Sépulcre ou encore les martinistes et pourtant, dans chacun de ces cas, sont présents avec des habits différents, plus ou moins lumineux, des archétypes, des schèmes de l'imaginaire auxquels les uns et les autres se réfèrent plus ou moins implicitement ou explicitement.

C'est ce à quoi nous nous exercerons à partir de quelques exemples : chevalerie templière, rose croix et maçonneries spéculatives, dérives sectaires et enfin ordre hospitalier des chevaliers et dames de la Table Ronde de la cour du roi Arthur. Nous y serons puissamment aidés par l'important travail collectif publié en 1998 aux P.U.F. et intitulé « *Dictionnaire critique de l'ésotérisme* » (1449 pages) sous la direction du professeur Jean Servier, qui hélas nous a quittés. Pour avoir nous-mêmes dirigé la section celte de ce travail, nous sommes heureux d'en saluer ici deux éminents collaborateurs, qui sont aussi de vieux complices, habitués des colloques arthuriens de Bagnoles de l'Orne, le Recteur Paul Verdier avec lequel nous avons publié un travail sur les Druides (*Druides, les maîtres du temps*) aux éditions Dervy Livres. Mais d'abord arrêtons-nous un instant sur les mythes constitutifs de la Légende arthurienne.

La légende arthurienne, comme cela a été établi de nombreuses fois, se constitue autour d'un cortège d'objets symboliques que Jean Frappier appelait trésors et talismans de l'Autre Monde. Georges Dumézil en faisait remonter l'origine aux Indo-européens[3] :

— **une coupe sacrée** qui garantit abondance et régénération. Transformée par les cisterciens, elle est devenue le Graal, vase insigne, source de sacralisation, à la fois synonyme de réalisation spirituelle et de connaissance acquise par initiation ou ascèse sur les chemins de la révélation, sa fonction est magico-religieuse, il appartient au régime mystique et intimiste des images. Sa quête se fonde donc sur une idée de réparation, le roi a pêché, son péché a déséquilibré le monde et pour restaurer l'ordre perdu, le Graal est nécessaire comme source de régé-

---

[3] Rivière, Jean-Claude, *Georges Dumézil à la découverte des indo-européens*, Paris, Copernic, 1979.

nération qui permettra au roi de retrouver son trône (le siège périlleux) chez les alchimistes, le symbole du mercure rappelle la forme d'une coupe,

— **un tailloir d'argent** lui est associé où sont découpés les mets les plus exquis, lesquels ne s'épuisent jamais. Nous sommes ici dans la problématique de la fécondité et de la production, liée au schème de l'oralité,

— **une pierre de souveraineté** où sont acclamés les souverains. On reconnaît ici le trône des dieux et des rois, et encore le siège de la sagesse, par exemple de Salomon ou de Saint Louis,

— **l'épée dans la pierre** du perron de Merlin lui est liée, qui tranche le bien du mal ; la lance en garantit la portée et la durée en lui asservissant la force vive des guerriers. Nous sommes dans le régime héroïco ascensionnel, l'épée Excalibur, d'origine surnaturelle, vient en compléter la dimension lumineuse par les schèmes diaïrétiques,

— **une table ronde** qui « *tournoie comme le monde* » et qui réalise la conjonction des régimes précédents. C'est autour d'elle que se réunissent les chevaliers en quête et c'est là que les ramènent, à chaque Pentecôte, leurs exploits. Elle garantit la stabilité et l'harmonie accomplissant la fonction copulative et rythmique des images de la quête référée dans la partition de Gilbert Durand au régime synthétique de l'imaginaire. Notre collègue et ami Mike Barry nous rappelait[4] en outre qu'il existait une légende arabe d'Espagne concernant une véritable Table Ronde, objet fabuleux ayant appartenu au roi Salomon, avant d'être découverte dans un palais de Tolède au 7e siècle de notre ère par des conquérants musulmans.

Car, dans ses fondations bibliques, il faut encore se souvenir que le roman arthurien se réfère de façon explicite à la tradition salomonienne, en témoigne dans le roman en prose la fabrication, sur les ordres de Salomon, répondant lui-même à une injonction de sa femme, d'une nef en bois qui ne puisse pourrir de quatre mille ans. Portant l'épée de David, dans un lit aux montants faits du bois de l'arbre de vie du Paradis terrestre, elle prend la mer. C'est cette nef qu'empruntera Joseph d'Arimathie, trois siècles plus tard, pour porter le saint Graal en Occident. Dans certaines traditions il est dit d'Émeraude et aurait été offerte au roi Salomon par la reine de Saba avant de servir au dernier repas du Christ puis à recueillir son Précieux Sang.

---

[4] Barry Michaël, *La Table ronde du roi Arthur et les Mille et Une nuits*, in *Les Romans de la Table Ronde, la Normandie et... au delà*, collectif dirigé par Michel Pastoureau, Condé sur Noireau, Corlet, 1987.

Une telle perfection dans l'assomption des formes de la quête ne pouvait laisser indifférent les sociétés qui ont suivi la société médiévale à ceci près que si la chrétienté médiévale avait pour ambition de reproduire le royaume de Dieu sur terre, en ses divers univers symboliques (cathédrales, théâtre en rond, romans et épopées), les sociétés initiatiques et chevaleresques contemporaines ne peuvent avoir, en dépit de leurs proclamations d'universalité, que des ambitions plus limitées dans la mesure où elles ne sont plus portées par un consensus socio-culturel. Ceci est encore plus vrai au 21e siècle marqué par le tribalisme renaissant et, paradoxalement, peut-être nouvelle chance d'actualisation de choses jusque là tenues cachées.

Parlant du roman arthurien (le roman tire son nom de la langue romane), Jean Marie Rouart, dans son discours de réception à l'Académie française le 12 novembre 1998, rappelait que le roman né au Moyen Âge « *brasse les mythologies celtes et les rêves chevaleresques, nous révèle la puissance d'une nouvelle puissance qui fait pièce à l'histoire. À côté des héros de la vie réelle vont apparaître leurs concurrents dans l'imaginaire* ».

Là encore nous trouvons exprimé ce paradoxe d'une confrontation des archétypes aux aléas de la temporalité. Gageons que la réception du légendaire arthurien pourra aussi être évaluée à l'aune de ce critère, dans la prise en compte de ce paradoxe.

Templiers et Maçonnerie ésotérique chrétienne.

Dans le contexte chrétien, nous devons ainsi nous rappeler que la transition, patente dans la réception des récits arthuriens, ne peut faire l'économie de la période des croisades où naissent les ordres souverains et militaires, tournant pour reprendre l'expression de Georges Duby, vers la Terre Sainte, les ardeurs pillardes et les soucis du salut éternel. Sont ainsi créés :

— l'Ordre de Saint Lazare, en 1060.

— les Hospitaliers de Saint Jean dit de Malte ou de Saint-Jean de Jérusalem, en 1080.

— l'Ordre du Saint Sépulcre, vers 1099.

— la milice du Temple dit Ordre du Temple, fondé en 1118 et supprimé en 1312.

— l'Ordre de Sainte Marie des Teutoniques, en 1190.

Fers de lance de la chrétienté, ces Ordres religieux et chevaleresques, singulièrement l'ordre du Temple, sans aucun fanatisme, mettront à profit les périodes de trêve pour entrer en contact avec le monde musulman, découvrir dans la richesse et la diversité de ses traditions notamment ésotériques, l'unité de la Tradition universelle à travers les âges, d'un peuple à l'autre, ce que nous appelons aujourd'hui, avec Gilbert Durand, les « *Structures anthropologiques de l'Imaginaire* ».

Nous verrons que notamment, pour les Templiers, la connaissance ésotérique des groupes contemporains qui s'en réclament est fréquemment invoquée comme origine. Si l'on admet que la quête du Graal, quête initiatique dont nous avons montré ailleurs ce qu'elle devait à l'Orient, est aussi une quête à fort contenu ésotérique[5], voire gnostique, il y a là une première parenté qui sera fréquemment évoquée comme l'était pour les chevaliers du temple leurs accointances avec l'ordre alaouite des Assassins la secte du Vieux de la Montagne Hassan el Sabbah.

La question des origines nous ramène inexorablement en effet au temple de Jérusalem et aux objets de la Passion du Christ dont le Graal et la lance qui saigne sont intégrés du fait des cisterciens proches des Templiers par leur fondateur commun Saint Bernard. Le contexte religieux et politique des croisades, les Tournois de Dieu, permet aisément de le comprendre au Moyen Âge, à la fois dans un mouvement de dynamisation de la chrétienté à qui on propose un bouc émissaire pour faire taire ses conflits internes, et pour assurer l'expansion des nations européennes naissantes en même temps que pour créer l'unité. Les templiers y réussiront d'ailleurs trop bien en s'assurant le contrôle des routes et des échanges monétaires vers l'Orient. Devenus une puissance supra nationale, ils en feront les frais, le pape et les souverains régnants s'étant réunis pour les traquer.

Le templarisme et les Lumières.

On sait aussi que le templarisme marquera les hauts grades de la maçonnerie écossaise et le discours refondateur de l'un des théoriciens de la maçonnerie du 18ᵉ siècle, le chevalier de Ramsay (1686-1743), prononcé à Paris, le 21 mars 1737, fait référence explicite à « *nos ancêtres les croisés* » et à la poursuite de leur mission, instaurant du même coup une filiation entre la chevalerie et les Lumières et conjuguant Tradition et Modernité ».

---

5 ce qui expliquerait le peu d'intérêt que l'Eglise officielle a toujours montré pour ce fabuleux réservoir d'histoires à fort contenu religieux qu'est la légende arthurienne.

En 1751, le baron Von Hundt (1722-1776) crée une obédience maçonnique appelée Stricte Observance Templière qui se réclame aussi de l'Ordre du Temple et fut influencée par les chevaliers Porte Glaive et les Teutoniques.

Un ésotériste, Bernard Raymond Fabré-Palaprat (1773-1838), ancien prêtre, médecin, rénova l'ordre du Temple en se réclamant d'une filiation directe et fonda ainsi une église de Saint Jean intégrant un courant maçonnique dit des chrétiens primitifs dont la Bible s'intitulait *Lévitikon*.

L'ordre templier a laissé des traces dans la Haute Maçonnerie au Rite Écossais rectifié, au Rite d'York et au Rite Écossais Ancien et Accepté[6]. Nous avons déjà indiqué ailleurs un écrit de la Loge Saint Louis des Amis réunis de Calais disant que l'on donnait autrefois le titre de Chevalier de La Table Ronde du Roi Arthur dans un rituel primitif de cette loge[7].

L'ordre très fermé, émanant de la maçonnerie anglaise des maîtres maçons de Marque de France comportait aussi un grade dit Ordre illustre des Chevaliers Grand Croix du Saint Temple de Jérusalem, né vers 1800 en Écosse. Quarante et un grades y étaient communiqués, dont le plus important était L'ordre des Chevaliers du Temple, Prêtres de la Sainte Arche Royale ou Ordre de la Sainte Sagesse. Il était également présent en 1823 aux USA à Rhode Island et l'est, officiellement, depuis 1993, dans notre pays. En 1995 fut également introduit, par la même voie, l'Ordre de la Croix Rouge de Constantin qui comporte également un grade de Chevalier du Saint Sépulcre et un autre de Chevalier de saint Jean.

Voilà pour la filiation maçonnico-templière honorable au moins la plus importante, car il existe d'autres filiations dont certaines à buts sectaires et l'on se souvient du sinistre Julien Origas, ancien agent de la Gestapo, fondateur de L'Ordre Rénové du Temple avec Raymond Bernard en 1970, ordre où devaient s'illustrer tristement les assassins Luc Jouret et Joseph di Membro. La fascination pour l'Ordre du Temple y est proche de celle que nous trouvons dans l'organisation de la Table Ronde avec souveraineté magico religieuse, objets sacrés liés à la Passion du Christ, donc à la fondation de la chrétienté, Table Ronde et serment d'accomplissement effectuépar un groupe élitaire. Elle en diffère ici comme de la Croisade contre le Graal[8] des nazis menée par le fait que les objets

---

[6] Lantoine, Albert, *La Maçonerie dans l'Etat*, Genève, Slatkine, 1982.

[7] Thory, Claude Antoine, *Acta Latomorum*, Genève, Slatkine, reprints 1980, p. 336.

[8] Rahn, Otto, *La Croisade contre le Graal*, Stock, Paris, 1934 et *La cour de Lucifer*, Paris, Tchou, 1974.

de la Quête sont toujours en interaction constante comme les ordres sociaux de la tripartition chère à Dumézil, alors que ces sectes valorisent un Graal sanglant fondant leur recrutement sur une soi-disante pureté de la race aryenne et sur la soumission. Ceci explique les interprétations souvent confusionnistes que l'on peut entendre ici où là.

Là ou la quête du Graal est vécue sur le mode de la transculturalité, du métissage culturel, de la fusion des traditions, elle est, dans ces derniers cas, sujet et prétexte à l'enfermement.

Pour clore ce chapitre, signalons que nous pouvons compter aujourd'hui près d'une centaine d'associations se réclamant de l'Ordre du Temple, il est bien difficile de séparer le bon grain de l'ivraie.

Alfred Weysen, fondateur en 1963, à Nice, de la « *Nouvelle Observance Templière* », a publié un ouvrage monumental intitulé « *L'Ile des Veilleurs* », enquête de terrain minutieuse où il identifie les gorges du Verdon au Temple naturel du Graal, « *temple pythagoricien et celte, temple volant d'Hyperborée* », à partir de correspondances onomastiques, symboliques et cosmologiques. L'imaginaire du Graal est ici servi par un discours qui passant en revue l'ensemble des objets et personnages symboliques de la Quête, leur trouve des correspondances sur le terrain. Cette géographie sacrée lui permet d'affirmer que le cycle arthurien s'est déroulé en Provence. « *Deux mille ans avant le Christianisme*, écrit-il, *une tradition unique, astronomique et scientifique unissait les peuples d'Hperborée et ceux du basin méditerranéen en une chaîne des Veilleurs, astronomes joignant de l'Atlantique à l'Inde, Camalaot à Tibériade, etc.*[9] » Les Veilleurs ont laissé dans la pierre la trace de ce dessein et le saint Graal n'est que le temple du ciel. Ce système abritant aussi, selon l'auteur, le trésor des Templiers lui aussi confié à la garde des Veilleurs.

Les Rose Croix

Une autre branche, qui parfois se confond avec la précédente, est celle des **Rose Croix.** Les références à la quête graalique y sont également plus explicites. C'est en 1623 qu'apparaissent, sur les murs de Paris, des placards annonçant le séjour visible et invisible des Frères de la Rose Croix. Initiée en Allemagne, en 1614, sous la plume d'Haselmayer, la « *fama fraternatis et confessio fratrorum rosae crucis* » préconisait, ce qui est au fondement de la quête du Graal, soit la possibilité donnée à l'homme, par la pratique de l'Art Royal, de réveiller en lui sa présence divine.

---

[9] Weysen Alfred, *L'Ile des Veilleurs,* Paris, Robert Laffont, 1986.

Le fondateur de la Rose Croix, Christian Rozencreutz (1578), passant pour avoir vécu 106 ans, avait publié des *Noces chymiques* . On y assistait, dans un château, à un cortège de jeunes filles lumineuses accomplissant des prodiges et posant une énigme dont la réponse était le mot *Alchemia*. Les objets portés en cortège étant un livre relié de noir, un vase contenant du liquide rouge proposé à tous les assistants, une tête de mort d'où sortait un serpent, six cercueils de six rois au sang recueilli dans un vase d'or. L'isomorphisme avec la procession du Graal et les questions qu'elle posait à Perceval est trop évident pour être dû au hasard, et, ce d'autant plus qu'au 12ᵉ siècle nous avons, dans le champ germanique, un Lancelot primitif, le *Lanzelet*, composé sur les bords du lac de Constance par Ulrich von Zatzikowen, à partir d'un archétype anglo-normand perdu des Romans de la Table Ronde, comme le suggère Gilles Susong, et au 15ᵉ le Parsifal de Wolfram Von Eschenbach.

Les Rose Croix, dans une tentative syncrétique passionnante, vont, en effet, absorber sur fond de quête graalique et de réalisation personnelle, les symboles de l'Alchimie, de la maçonnerie templière et de la chevalerie chrétienne.

Très brillante au 17ᵉ siècle (Bacon, Descartes, Coménius, Robert Fludd y participèrent), la Rose Croix se fana après la guerre de Trente Ans, elle connut une résurgence au 18ᵉ siècle sous l'influence de religieux catholiques, rassemblant savants, clercs, érudits persuadés d'avoir une mission sacrée. Sincerus Renatus, de Breslau, signe en 1720 un traité intitulé *La véritable préparation de la pierre philosophale de la fraternité de l'ordre de la Croix d'or et de la Croix Rose* et définit les rituels d'admission au cours desquels les postulants prêtent serment sur une coupe à laquelle ils s'abreuvent ensuite ensemble. Le garde majeur en est celui de « *vicaire de Salomon* ». Goethe avait été profondément impressionné par les Rose Croix, il créa le personnage de Makarie le sage, le Rose Croix de William Meister, considéré comme la plus étrange et attirante création du génie goethéen. L'idée centrale de l'œuvre repose sur l'existence d'une confrérie d'initiés perpétuant un message sacré qui « *participe à la fois de l'ordre des Templiers, de la Rose Croix, de la Franc maçonnerie, et de la confrérie du Graal.*[10] »

---

[10] Montloin Pierre et Bayard Jean-Pierre, *Les Rose Croix ou le complot des sages*, Paris, CAL, 1971.

La Franc Maçonnerie écossaise est elle, même également influencée par la mystique des Rose Croix et dans un degré aujourd'hui disparu si l'on en croit les spécialistes, et publié dans l'ouvrage de Pierre Montloin et Jean-Pierre Bayard, le grade du 26e degré écossais appelé Écossais trinitaire ou Prince de Merci, le rituel comprenait en bonne place trois objets de la passion du Christ (croix, lance, couronne d'épines) ainsi que l'Arche d'Alliance et les tables de la Loi. Quant au grade de chevalier Rose Croix il est souvent également cité par les auteurs. En 1785, lors du convent de Paris, le baron Gleichen déclarait, citant des sources Rose Croix, que les maçons seraient venus en Angleterre sous le Roi Arthur[11].

La Rose Croix brilla ainsi jusqu'aux premières décades du 19e siècle puis s'éclipsa se réfugiant dans des obédiences ignorées du monde profane. C'est en 1885 qu'en France elle devait reprendre force et vigueur sous des formes nouvelles, matérialistes pour les uns et mystiques pour les autres. Au 19e siècle la Rose Croix focalise en France les tendances de l'ésotérisme catholique et du royalisme légitimiste. En 1888, Stanislas de Guaïta fonde l'ordre kabbalistique de la Rose Croix.

En 1890, les choses seront explicites quand Joséphin Péladan (le Sâr Merodak), disciple de Claude Debussy et de Papus, le fondateur du martinisme, fondera un ordre catholique de la *Rose Croix, du Temple et du Graal* schismatique du précédent. Le musicien Eric Satie était son ami et il organisa un Salon de la Rose Croix à Paris, couru par le tout Paris. 23 000 visiteurs y affluèrent. Les uns et les autres ressusciteront ainsi les héritages oubliés spécifiquement occidentaux : Templiers, Rose Croix, alchimie, traditions celtiques, dieux égyptiens, mystères d'Enoch et communication avec les esprits s'y mêleront en un joyeux syncrétisme préfigurant peut-être ce que nous connaissons aujourd'hui avec le Nouvel Âge.

C'est dans ce contexte que naît, en 1887, le très secret ordre hermétique de *l'Aube dorée*, ou *Golden Dawn*, fondée par trois rosicruciens anglais. Son premier temple s'appellera *Isis Uranie* à la décoration inspirée de l'Égypte ancienne. L'ordre, après des dissensions internes, devait éclater en 1903. Un de ses plus célèbres continuateurs est Aleister Crowley, qui avait fondé son propre ordre *l'Astrum Argentinum* après avoir reçu patentes de *l'Ordre du Temple d'Orient* (OTO).

---

11 Ligou Daniel, *dictionnaire de la Franc Maçonnerie*, Paris, PUF, 1987, p. 1164.

Un des dessins fondamentaux de cet ordre représente un ovale contenant un œil au milieu, une colombe et, en bas, une coupe frappée de la Croix templière ; on retrouve ici la fonction de Veilleurs ou de Gardiens du Graal assignée mythiquement aux Templiers. Rudolph Steiner fut dit-on imprégné de ses théories. Son influence fut énorme, en matière de Kabable ésotérique, et de magie. Elle a aussi relancé la géomancie et et le tarot, univers symbolique, faut-il le rappeler qui accorde une importance fondamentale à la coupe, l'une des 4 couleurs et un arcane majeur.

On ne sait plus très bien avec ces sociétés diverses si l'on est encore dans une dimension ésotérique ou dégradée en occultisme. L'imaginaire qui l'agit est, de fait, inspiré par les récits médiévaux, on voit cependant que la charge mythologique s'en est souvent allée.

Le martinisme

Lié par maintes personnalités aux Rose Croix et à la Franc Maçonnerie spéculative, le martinisme désigne[12] :

- *la doctrine théosophique et la pratique théosophique de Martinès de Pasqually (1727-1774),*
- *la philosophie de Louis Claude de Saint Martin (1743-1803), un ordre initiatique para-maçonnique, inspiré des idées saint martiniennes, et fondé en 1887 par Papus, alias Dr Gérard Encausse (1865-1916),*
- *tous ceux qui se sont inspirés de Martinès et Saint Martin[13].*

Marqué par un ésotérisme judéo-chrétien influencé par la Kabbale, le martinisme est par exemple à l'origine de la fondation par Jean-Baptiste Willermoz à Lyon, en 1768, de La Stricte Observance Templière et, dix ans plus tard, de l'Ordre des Chevaliers Bienfaisants de la Cité Sainte ou Rite Écossais Rectifié, un des rites maçonniques encore en usage. Le récit biblique y est lieu de références, de travail herméneutique et donne lieu à une quête spirituelle illimitée sur le sens de la destinée. Le martinisme se veut donc d'abord réponse au désir de connaissance de l'homme égaré depuis la chute originelle. Il occupe une place de choix parmi les sociétés initiatiques depuis les Lumières et fut même enseigné au Collège de France par Mickiewicz de 1840 à

---

[12] Jacques-Chaquin, Nicole, Martinisme in *Dictionnaire critique de l'ésotérisme*, PUF, 1998., p.810sq.

[13] ibidem, op.cit.

1841. Benjamin Constant, Sainte Beuve, Chateaubriand, Ampère, Franz Von Baader, Hegel, puisèrent à ce courant qui marqua également le romantisme. Michelet en sera un des dignitaires et Grand Maître en 1932. Pendant l'occupation, les Martinistes s'impliquèrent dans la résistance (Robert Ambelain, Constant Chevillon) et l'Ordre sera réveillé en juin 1945. L'Ordre Rosicrucien AMORC issu d'une dissidence s'en réclame également tandis que se constitue en 1980 l'Ordre des Chevaliers martinistes et que Philippe Encausse fils de Papus opère, en 1952, la renaissance de L'Ordre Martiniste. De son côté, Robert Ambelain instituera, en 1968, un ordre martiniste libre.

Aujourd'hui, le martinisme, qui ne reçoit en principe dans ses Loges que des Maîtres Maçons de diverses obédiences ou des Martinistes ayant le grade de Supérieurs Inconnus, se qualifie de christianisme ésotérique. Il se définit comme tel dans ses libelles (Loge Argo) : *Les Martinistes se lient de leur propre volonté à l'humanité, à la nature, ils prennent conscience de son caractère sacré quand ils travaillent en fraternité à consacrer la Terre et leur activité initiatique à la réintégration par le chemin de la lumière intérieure, à travers la quête du Graal,* sic !

La Croix de Jérusalem des croisés y est le symbole de la démarche chevaleresque et l'un des degrés de l'initiation (27ᵉ) fait référence au Temple de Salomon.

Dérives sectaires.

L'inventaire des sectes en France établi par l'Assemblée Nationale (rapport Gest Guyard) en 1995 nous révèle également quelques surprises si l'on tient compte du panorama que nous venons de survoler.

— Dans la catégorie Mouvement sectaire de moins de 50 adeptes, nous trouvons :

L'Alliance Rose Croix,

— Dans la catégorie Mouvement sectaire de 50 à 500 adeptes :

le Lectorium Rosicrucianum (Rose Croix d'Or),

L'Ordo Templi Orientis,

L'Ordre du Graal ardent,

L'Ordre monastique d'Avallon,

l'Ordre rénové du Temple,

— Dans la catégorie Mouvement sectaire de 500 à 2000 adeptes :

Le mouvement du Graal en France. (950 adeptes en France,

9000 dans le monde). Il publie depuis 46 ans une revue *,Monde du Graal, un pont vers le nouveau savoir spirituel*, et fut fondé par Oskar Ernst Bernhardt, né en 1875 à Bischofswerda en Saxe, décédé en 1941, appelé par les adeptes Abd-Ru Shin : *Fils de la Lumière*. Celui-ci, qui, par ailleurs fut persécuté par les nazis, se disait successeur du Christ et se comparait à Parsifal. Il publia trois volumes intitulés D*ans la Lumière de la Vérité, message du Graal*. Sa documentation fait explicitement référence au Graal (lieu se situant dans le monde spirituel où Dieu entrerait en contact avec la création) et aux Chevaliers de la Table Ronde. Son siège est *le Manoir du Graal lequel abrite la Coupe sacrée du Graal qui joue un rôle important dans la réception et la distribution de la Force divine qui garantit la vie*, à Vomperberg en Autriche (Tyrol). La fête majeure de l'ordre se tient le jour de la Sainte Colombe, le 30 Mai.

— Dans la catégorie Mouvement sectaire de 2000 à 10 000 adeptes :

Les chevaliers du Lotus d'or fondée par Gilbert Bourdin (Hamsah Manarah) lequel se prétendait, parmi de nombreux titres, « *Chevalier du Saint Graal* ».

Ces organisations utilisent pour le capter le rayonnement de la figure graalique et se réfèrent à minima à un univers culturel souvent très mal connu des adeptes. On retrouve la démarche même des nazis qui souhaitaient s'approprier le Graal dans une lecture réductrice de son symbolisme entièrement tounée vers une régression à la race et au sang, à l'encontre d'une lecture anthropologique du mythe, forcément plurielle dans ses origines.

L'ordre hospitalier des Chevaliers et dames de la Table Ronde de la Cour du Roi Arthur

Fondé au 6e siècle de notre ère par Arthur, fils d'Uter Pendragon et d'Ygerne, né à Tintagel en Cornouailles, l'Ordre de la Table Ronde fut établi à cette époque à Camelot, où Athur tenait sa cour. Il l'avait institué pour conquérir le Saint Graal, vase insigne qui fut le calice de la dernière Cène du Christ et servit, ensuite, lors de sa Passion, à recueillir son Précieux Sang lors de sa mort en croix. Il est une des plus insignes, parmi les reliques de la Passion de Notre Sauveur. Transporté en Europe occidentale par Joseph d'Arimathie, il repose en un lieu mystique, le Mont du Secret, connu de quelques rares initiés. La Quête qui permet d'aboutir à sa contemplation est symbole d'individuation, du passage du monde des choses terrestres à celui des choses célestes. Après la mort du roi Arthur (542), son corps fut transporté en l'île d'Avalon à bord de la Nef de Salomon que pilotent la dame du Lac et ses compagnes. Arthur reviendra lorsque les grandes merveilles seront accomplies et que la Fraternité Universelle régnera sur la terre. L'Ordre qu'il a fondé demeure pour rappeler le sens de la Quête qu'il a instituée.

Après lui, nombreux furent les souverains anglais à tenter de la poursuivre où à s'en réclamer : Aliènor d'Aquitaine, petite fille de Guillaume IX d'Aquitaine, le prince des troubadours, son époux Henri II Plantagenêt, leur fils Richard Cœur de Lion et leur fille, Marie de Champagne, favorisèrent le culte des souvenirs arthuriens en Angleterre et sur le continent. L'invention des tombes d'Arthur et de Guenièvre, en l'abbaye cistercienne de Glastonbury, en 1190, s'inscrit dans cette perspective comme le don, en 1191, par Richard Cœur de Lion à Tancrède de Sicile, d'une épée trouvée à Glastonbury qu'il assurait être *Excalibur*. Si le roi Arthur est considéré comme le fondateur de la monarchie anglaise, ses exploits et sa règle affectèrent l'essor littéraire et artistique comme les coutumes et les institutions de plusieurs pays d'Europe tandis que le succès des littératures arthuriennes ne se démentit jamais.

En 1331, Édouard III d'Angleterre fit refaire une Table Ronde et fondait, en 1348, l'Ordre de la Jarretière pour prendre la suite de la chevalerie arthurienne. Pendant deux décades, il fit représenter une sorte de psychodrame noble qui s'appelait une *Table Ronde* où les acteurs tenaient les rôles de personnages arthuriens.

Au XVe siècle, Sir Thomas Malory, qui vivait au milieu des chevaliers pendant la guerre des Deux Roses, produisit une légende arthurienne (*la Morte Darthur*) dans laquelle il développait les idéaux de la chevalerie au sein d'une noblesse corrompue.

Henri II Tudor, se réclamait aussi d'Arthur, faisant marcher ses troupes sous l'enseigne du Dragon Rouge et affirmant la filiation arthurienne de sa famille. Son premier fils fut appelé Arthur et il fit réaliser de nombreux objets décoratifs : la Table Ronde que l'on peut encore voir aux murs de la cathédrale de Winchester et ses tapisseries rappellent les hauts faits légendaires d'Arthur et de ses chevaliers.

Au XVIᵉ siècle, Henri VII Tudor qui avait épousé une Plantagenêt, Élisabeth d'York, descendante comme lui d'Aliénor d'Aquitaine, appela son fils aîné Arthur décédé en 1502. C'est encore la société des archers de Londres qui célébrait le *magnifique Prince Arthur* tandis qu'Élisabeth 1ʳᵉ apporta un renouveau de vigueur aux commémorations arthuriennes. Henri VIII devait faire restaurer la Table Ronde de Winchester.

Au XVIIᵉ siècle, le roi James Stuart fut salué par les poètes comme celui qui ressuscitait Arthur. Quant aux Romantiques, aussi bien en France qu'en Grande-Bretagne, ils n'ont pas négligé leurs efforts pour faire redécouvrir l'épopée arthurienne. Témoin, cette *invention du Val sans Retour* en forêt de Brocéliande et la remythologisation des lieux qui s'y rattachent.

De même, l'influence d'Arthur, des rituels de sa cour et du symbolisme de la Table Ronde se fait sentir de nos jours, nous l'avons vu, encore au sein de nombreuses fraternelles, sociétés initiatiques et organisations chevaleresques.

Aujourd'hui, l'association de l'Ordre des Chevaliers et Dames de la Table Ronde de la Cour du Roi Arthur à Camelot existe afin de perpétuer cette noble tâche. C'est pourquoi tout homme d'honneur peut devenir Chevalier de la Table Ronde et toute dame d'honneur peut être accueillie dans l'Ordre comme dame de Camelot. Il s'agit d'une société fraternelle à buts à la fois humanistes (la défense des droits de l'homme), culturels (commémorer et mieux connaître l'histoire et la littérature arthurienne, les productions qu'elles ont inspirées[14]) et traditionnels (comprendre et vivre, par les rituels chevaleresques, le symbolisme de la Table Ronde).

Son fondateur Thomas Glasscock, franc-maçon de la Grande Loge unie d'Angleterre, spiritualiste, était un homme d'affaires britannique passionné de légendes arthuriennes. C'est lui qui réinventa l'ordre, disant avoir été initié par un descendant des Tudor (Welleslay Pole Tudor, lui-même adoubé par Meankin Tudor), comme chevalier d'une tradition qui s'était maintenue jusqu'à lui. Il fit bâtir, de 1929 à 1933, King Arthur's Hall à Tintagel, construction monumentale en pierre de Cornouailles, qui ne compte pas moins de 72 vitraux représentant plusieurs scènes de la Légende arthurenne, une collection de peintures et deux Tables Rondes magnifiques. L'intérieur étant aménagé pour la

---

[14] à ne pas confondre avec la Société Internationale Arthurienne association universitaire qui publie chaque année le BBSIA.

cérémonie d'investiture des nouveaux chevaliers et dames laquelle se déroulait autrefois au milieu de grands fastes et permettait de récolter des fonds pour les œuvres de l'Ordre. Il fonda cette fraternité arthurienne en 1927. En 1930, elle comptait 27 000 membres dans le Commonwealth et employait 4 permanents. Thomas Glasscock est mort en 1934, il avait 63 ans. Après la Seconde Guerre mondiale, c'est l'actuel Grand Maître, Tom Mor qui devait reprendre le flambeau et accueillit plusieurs ornais dans l'Ordre. L'Ordre a trois chapitres en France. Chacun se réunit deux fois l'an publiquement pour une cérémonie chevaleresque de réception des nouveaux membres et organise œuvres de charité et voyages d'études. Chaque collège des officiers est réélu chaque année. Ils sont entièrement organisés autour des idéaux spirituels de la Quête chevaleresque et prônent la fraternité universelle et la dignité humaine. Ils sont gérés sous le mode de la loi 1901.

Avec le CENA (société savante) et le Festival Au pays de Lancelot du Lac (aux buts de vulgarisation) que nous avons fondés, l'OITR forme l'un des trois pétales du Trèfle Arthurien, lequel, sur les voies ouvertes par René Bansard qui était membre correspondant de l'Ordre avec votre serviteur et fut directement rattaché en Grande-Bretagne, dés 1969, a inspiré l'entreprise qui nous rassemble aujourd'hui.

La queste du Roi Arthur avait pour but d'établir une société parfaite. La Table Ronde est le symbole de cet idéal, tous ceux qui s'y assoient, hommes et femmes y étant vraiment libres et égaux en droits et en devoirs. L'Ordre témoigne de la réception et de la transmission de la Légende Arthurienne et cette initiative participe de cette chaîne de transmission dont les uns et les autres, chercheurs, enseignants, animateurs culturels, nous ne sommes que les maillons.

Il s'en est fallu souvent de peu, au cours de l'histoire, qu'elle ne se trouve brisée. Un modeste érudit local, René Bansard, un professeur d'Université, Jean-Charles Payen, quelques enthousiastes, des responsables d'associations culturelles locales, ont recueilli et continuent à recueillir, aux Marches du Maine de Normandie et de Petite-Bretagne, les éléments de cette tradition, tendant, chacun pour ce qui le concerne, à accéder un peu plus au mystère de la Vie, de la Connaissance, à l'Harmonie.

Car la Quête du Graal est aussi symbole d'un système de valeurs. Elle est comme l'incarnation, la cristallisation sociale de ces valeurs que nous ont léguées nos ancêtres.

Les idéaux de chevalerie, semblent en effet, sauf dans le cas sectaire, être le dénominateur commun des sociétés que nous avons étudiées, ils s'expriment selon des bassins culturels qui les voient éclore : Philosophes des Lumières, Romantiques, Symbolistes. Il semble cependant répondre à la définition qu'en donnait Emmannuel Kant : une valeur est une croyance persistante qu'un mode spécifique de conduite (i.e. la chevalerie) ou un but de l'existence (i.e. la quête de l'absolu) est personnellement ou socialement préférable à un autre[15].

Les uns et les autres, dans leurs modalités diverses et pourtant convergentes de réception de la Légende Arthurienne, nous en administrent la démonstration. *Rex Arturus, rex quondam futurus.*

<u>NOTA BENE</u> :
Voir Bertin Georges,
De la quête du Graal au Nouvel Âge, Vega, 2005.
La quête des chevaliers et dames de la Table Ronde, éd du Cosmogone, Lyon, 2014.

---

[15] Kant E *Fondements de la métaphysique des mœurs*, F Delagrave.

Patrizia d'Andrea

005 — Patrizia d'Andrea

La franc-maçonnerie au féminin : aperçus romanesques

La Franc-maçonnerie des femmes de Charles Monselet (1825-1888) a été publié en 1856. Son auteur, qui n'est pas un franc-maçon, est relativement connu aujourd'hui grâce à ce roman qui a été réédité aux éditions du Masque chez Lattès en 2011. Vers le milieu du XIXe siècle, Monselet était célèbre en tant que chroniqueur littéraire, théâtral et surtout gastronomique, ce qui lui a valu la réputation d'épicurien. Il a publié des romans, des poèmes et des pièces de théâtre, des histoires littéraires, des romans d'amour et des curiosités littéraires. Son roman de 1856 est le seul dans son œuvre sur la franc-maçonnerie. Il a été publié d'abord en feuilleton dans *La Presse* (3 octobre 1855-4 janvier 1856), puis, en une première édition en volume en 1856 et, enfin, en une deuxième édition en 1873 sous le titre *Les Mystères du boulevard des Invalides*. C'est plus précisément une partie du roman initial qui est réédité sous ce titre, qui l'inscrit par son rappel évident au titre d'Eugène Sue dans la lignée des romans populaires du XIXe siècle : *Les Mystères de Paris* (1842-1843). Ainsi, à toutes les questions qui se posent avec le roman de Monselet et du sujet qu'il traite s'ajoute aussi celle du genre si l'on considère que les romans de la franc-maçonnerie, publiés à foison aujourd'hui, prennent en grande partie naissance dans les mêmes paradigmes du XIXe siècle entre polar historique et intrigue romanesque. Dans le cas de Monselet, il ne s'agit ni seulement d'un roman policier, ni seulement d'un roman historique. Ce n'est pas tout à fait un roman populaire, ni uniquement un roman de vengeance amoureuse. Enfin, il ne se résume pas non plus à un roman de cape et d'épée : c'est tout cela à la fois.

L'exploration de l'univers maçonnique féminin en littérature et les questions qu'il soulève se teinte d'une nuance somme toute aujourd'hui encore assez taboue. D'un point de vue littéraire, les romans écrits par des femmes sur la franc-maçonnerie, et à plus grande raison ceux qui seraient écrits par des maçonnes, sont encore relativement rares. On se demanderait alors comment ils se distingueraient de ceux écrits par les hommes. Loin de rester limitée à un problème de genre, cette interrogation introduit à une petite récapitulation de l'histoire même de la franc-maçonnerie en même temps qu'à un aperçu de ses productions littéraires.

Les histoires de la littérature, de manière générale, ne mentionnent pas les écrivains qui traitent de la franc-maçonnerie et encore moins les écrivains francs-maçons. Il s'agit dès lors d'aller vers les histoires de la franc-maçonnerie et les ouvrages spécialisés. Sans trop de peine, l'on s'aperçoit que des listes orgueilleuses abondent avec des noms de musiciens, d'artistes ou d'écrivains qui viennent honorer par leur talent l'histoire de la franc-maçonnerie. Les noms d'illustres personnages ne manquent pas, mais d'emblée il ressort que pour la plupart il s'agit de noms d'hommes : Voltaire, Goethe, Oscar Wilde et Rudyard Kipling, parmi les écrivains les plus fréquemment cités ; Mozart, Beethoven et Chopin, parmi les musiciens évoqués le plus souvent. Une femme apparaît de manière récurrente : Joséphine Baker, mais cela ne correspond pas à la recherche de noms de plume féminins illustres. Enfin, cette recherche montre rapidement que la piste des auteurs féminins de romans sur la franc-maçonnerie est mince et que la question de la publication d'une littérature de fiction sur la maçonnerie féminine ou de fiction écrite par des franc-maçonnes n'a pas encore véritablement été exploitée. Toutefois, un cas particulier va retenir notre attention un peu plus loin dans cette étude, ce qui permettra de considérer, à titre d'exception, comment les romans sur la franc-maçonnerie écrits par des femmes se distinguent de ceux écrits par les hommes.

I. Les femmes dans la Franc-maçonnerie

Perspective historique

Les origines de la Franc-maçonnerie, c'est chose connue, résident d'une part dans une histoire mythique et symbolique et de l'autre dans la constitution effective des premières loges dont on a les traces. Une référence historique certifiée est celle qui correspond à ce qu'on appelle la maçonnerie spéculative, née avec la création de la première Grande Loge en Angleterre, plus précisément à Londres, en 1717 et de son affirmation codifiée que représente le fameux texte des *Constitutions* d'Anderson, publié en 1823. Les idéaux de la construction spéculative s'expriment pour la première fois par des codes de conduite morale et spirituelle plutôt que par des codes liés à l'art de construire, au sens propre du terme, qui caractériserait la maçonnerie dite opérative.

Laissons les discussions théoriques sur la constitution maçonnique pour mentionner juste la première loi qui dicte l'acceptation des membres dans la société des maçons. Cette loi est suffisamment explicite quant au statut des femmes dans la franc-maçonnerie pour en saisir d'emblée le contenu prohibitif :

> La réunion, ou société de maçons dûment organisée, est nommée loge. Tout frère doit faire partie de l'une d'entre elles, et se soumettre à ses statuts et aux règlements généraux. [...] Ceux qui seront admis comme membres d'une Loge devront être des hommes libres et sincères, de bonne naissance, d'âge mûr et de raison. Ne seront reçus ni les esclaves, ni les femmes, ni les individus dépravés et déconsidérés, mais seulement ceux qui jouissent d'une bonne réputation.

Cette limitation des individus acceptables fut confirmée au XIXe siècle dans les « Anciens Landmarks », c'est-à-dire les lois et traditions reconnues de temps « immémorial » dans l'histoire de la maçonnerie. L'interdiction des femmes est également promulguée par la Grande Loge d'Angleterre créée en 1813, dans son paragraphe 18 stipulant que « les femmes, les estropiés et les esclaves ne peuvent être acceptés ». En France, on retrouve la même interdiction dans un autre discours fondateur, celui du Chevalier de Ramsay, un écossais francophile devenu catholique qui représente une figure-clé de la première maçonnerie de France.

Quelles sont les raisons d'éloigner celui qu'on appelait le sexe faible ? Les historiens soulignent en premier lieu que cette appellation correspond à la soumission des femmes, celles-ci étant gouvernées dans la société de l'époque par leurs pères d'abord et leurs maris ensuite. En conséquence, elles ne pouvaient pas être considérées comme libres, donc les femmes ne pouvaient être acceptées. Une autre raison majeure de l'interdiction des femmes dans les sociétés secrètes est liée à la crainte que la femme, par ses charmes, risquait de rompre la fraternité en provoquant des passions et des duels. Et pourtant, il apparaît dans les registres historiques de la maçonnerie que des femmes furent initiées au XVIIIe siècle. En effet, il était semble-t-il douteux d'afficher une société uniquement masculine, dont les pratiques devaient rester secrètes, sans susciter des soupçons de toutes sortes. Outre les théories du complot et les questions de dissidence religieuse, les hommes couraient le risque de se voir accusés de ce qu'on nommait le « petit défaut », c'est-à-dire l'homosexualité. Ainsi, dès le milieu du XVIIIe siècle commencèrent à exister les loges dites « loges d'adoption », pour indiquer qu'on introduisait des femmes, de haut rang, dans les banquets des sociétés maçonnes. Ainsi s'est forgée dans l'imaginaire la croyance en l'existence d'une maçonnerie des dames, qui est vraie en partie et qui correspond à une réalité historique précédant la Révolution. Elle ne touchait alors que les femmes de la noblesse. L'exemple le plus cité est celui de la princesse de Lamballe, si proche de Marie-Antoinette qu'elle était devenue la surintendante de la Maison de la Reine. Toutefois, après la Révolution, et on le comprend aisément, les loges d'adoption se disséminèrent et ce ne fut qu'à la fin du siècle, en 1893, que la première loge mixte a vu le jour avec la première femme véritablement initiée aux rites des francs-maçons : la célèbre Maria Deraismes.

Il résulte de l'histoire même de la franc-maçonnerie que la femme implique d'emblée un imaginaire spécifique souligné fortement dans la littérature et les arts. Des exemples abondent surtout au théâtre de femmes qui tentent par tous les biais de percer le secret de leurs époux francs-maçons. Avec ce qui veut être présenté comme le défaut constitutif de la psychologie féminine — qui serait la curiosité — nous entrons de plain-pied dans le vif du sujet, lié à l'interdiction des femmes dans la maçonnerie. Dans le fond, l'expression de l'interdiction de la femme est récurrente dans l'imaginaire et elle renvoie à un lieu commun du XIXe siècle : celui de la misogynie. L'image de la femme dans la littérature du XIXe siècle peut se résumer aux figures évoquées par Baudelaire dans *Les Fleurs du mal* : ange ou démon pour les désincarnées, Sainte ou Courtisane pour les donneuses de vie ou de jouissance, la dernière figure étant représentée par la femme malade. Au mieux, on la trouve au lit sagement agonisante, au pire, elle se démène comme une hystérique, s'agite comme une convulsionnaire ou se fige comme une somnambule en état cataleptique. Ces figures condensent à elles seules les angoisses et les frustrations de toute une époque. Nous voilà donc face à une représentation synthétique d'un siècle qui fonctionnerait par antithèse que ce soit dans les représentations de la femme ou de la franc-maçonnerie. D'une certaine manière, tout ce qui relève du mystère présente deux tendances bien nettes, la fascination ou la crainte. Dans l'univers maçonnique de l'époque, les titres des périodiques sont éloquents en ce qui concerne la réception duelle du thème : d'un côté *Le Monde Maçon* et de l'autre *L'Anti-Maçon*. La diabolisation et la sublimation sont les deux tendances majeures de la représentation de la femme comme de la maçonnerie au XIXe siècle.

II. *La Franc-maçonnerie des Femmes* de Charles Monselet

Aperçus romanesques

François Cavaignac dans une publication maçonnique intitulée *Balades maçonniques en littérature* (2014) est le premier qui pose la question des thèmes récurrents dans les œuvres de fiction qui ont pour sujet la franc-maçonnerie. Son corpus comprend le roman et la nouvelle, mais aussi le théâtre. Il mentionne en effet une comédie-ballet au titre qui est directement lié à notre propos : *Les Franc-Maçonnes*, pièce jouée en 1754. Pourtant, cette pièce ne fait pas partie de ses analyses, car, dit-il, il n'a voulu considérer que les œuvres où la franc-maçonnerie apparaît vraiment et sans y être trop décriée : « Cette courte pièce (8 scènes) nous semble trop bouffonne et légère pour avoir une portée déterminante, même si elle participe de la manière dont l'esprit du temps jugeait la Franc-maçonnerie »[16]. Il ajoute dans une note : « Plusieurs femmes intri-

---

[16] François Cavaignac, *Balades maçonniques en littérature*, Éditions EME, 2014, p. 17.

guent pour entrer en maçonnerie et parviennent à leur fin, car le Vénérable se laisse séduire par l'une d'entre elles »[17]. La vaillance morale du maçon contre la ruse séductrice de la femme, la curiosité de celle-ci et son pouvoir de séduction, tels sont les enjeux et les dangers de chute morale attribués au genre féminin. Autrement dit, l'éternel cliché sur les femmes est reproduit à l'identique dans le contexte maçonnique. Il est mis en scène dès les débuts dans la représentation théâtrale et, par conséquent, dans l'imaginaire collectif.

L'ouvrage de François Cavaignac est récent, les autres ouvrages sur la littérature et la maçonnerie se présentaient comme des dictionnaires de références, avec des entrées par auteurs[18]. Enfin, dernier aspect de mise en contexte, Cavaignac situe le roman policier maçonnique comme « une spécialité du XXIe siècle »[19]. Lui-même s'arrêtant dans ses analyses à la première moitié du XXe siècle, avec quelques œuvres particulières des années 60 et de la fin des années 90. Qu'en est-il donc de Monselet ? Est-ce approprié de parler d'un roman policier pour un récit publié en 1856 ? Oui, dans la mesure où il a l'audace pour l'époque de rompre avec les débuts explicatifs et descriptifs. Si l'on pense que c'est Edgar Poe qui est considéré comme l'inventeur du roman policier, Monselet lui est presque contemporain (les traductions de Baudelaire sont publiées dans les années 1856-1857). Et c'est bien l'un des codes du genre policier ésotérique qui a connu un succès fracassant à notre époque que Monselet a utilisé : le début se focalisant sur la scène d'un crime avec un mystérieux héritage à transmettre. Pour les lecteurs ou les spectateurs d'aujourd'hui, c'est une stratégie narrative ou cinématographique bien connue. Il en va de même dans *La Franc-maçonnerie des femmes*. Un coup de feu retentit chez Madame Abadie, Monsieur Blanchard et son cocher arrivent *in extremis* dans la maison de cette pauvre dame âgée qui a été brutalement blessée. Sa domestique est déjà morte et Madame Abadie a à peine le temps de faire promettre à Blanchard de s'occuper de son testament et de remettre un énigmatique coffret destiné à la marquise de Pressigny. Il n'y a pas de clé, le coffret s'ouvrant à l'aide d'un secret connu de la marquise seule : « En

---

[17] *Ibid.*, note 6.

[18] C'est le cas du livre d'Henri Prouteau, *Littérature et Franc-maçonnerie*, Paris, Henri Veyrier, 1991.

[19] François Cavaignac, *Balades maçonniques en littérature*, *op. cit.*, p. 16.

outre, les volontés qui y sont renfermées ont été écrites avec une *grille* particulière »[20]. Enfin, dans les dernières lignes de conclusion de ce premier chapitre tonitruant, on apprend que Madame Abadie avait la réputation d'être extrêmement riche, grâce aux relations qu'elle entretenait « on ne sait comment »[21] dans certains salons parisiens et qu'elle avait été mariée deux fois, le texte dit : « les tribunaux de la Restauration ont eu à retentir de ses débats conjugaux »[22]. Si l'on vérifie l'historique de la loi sur le divorce, il se trouve qu'après avoir été autorisée et adoptée en France dès 1792, elle fut abrogée sous la Restauration précisément et ne fut rétablie que sous la Troisième République (1884).

Le scandale de la femme libre, le secret, le complot et le meurtre sont donc la combinaison de départ du roman.

Résumés et influences

M. Blanchard va partir à la recherche de la Marquise de Pressigny qui se trouve en villégiature aux bains de mer de la Teste-de-Buch, dans les landes, avec sa sœur Mme la comtesse d'Ingrande, et la fille de cette dernière, Amélie. Trois semaines après l'événement initial, M. Blanchard leur fait parvenir sa carte de visite. Ce lieu au nom fantasque est réel et Monselet le connaît bien pour y avoir fait une excursion avec les frères Goncourt en mai 1854 — ce qui accentue le côté réaliste de certaines descriptions et vient ajouter le réalisme aux différents genres narratifs du roman. Extrêmement méfiantes, les deux sœurs, mais surtout Mme de Pressigny, refusent de recevoir quiconque y compris un jeune prétendant d'Amélie, au sujet duquel apparaît la toute première allusion dans le roman à la franc-maçonnerie : « — C'est encore vrai, Madame [répond celui-ci à la liste de tous ses périples qu'elle lui reproche] ; mais comment vous êtes-vous informée ?… — Bon, nous autres femmes, est-ce que nous n'avons pas notre police secrète ? »[23]. Cette allusion est masquée — dans le sens où le lecteur ne sait pas de quelle police il s'agit — et elle le restera jusqu'à la fin de la première partie, c'est-à-dire pendant les

---

[20] Charles Monselet, *La Franc-maçonnerie des femmes*, Paris, Éditions du Masque/Lattès, 2011, p. 23.

[21] *Ibid.*, p. 25.

[22] *Idem.*

[23] *Ibid.*, p. 38.

150 premières pages.

Une remarque s'impose au sujet de cette tentative de résumé du roman de Monselet, mais qui peut s'élargir à toute approche des œuvres de fiction lorsqu'il s'agit de romans engagés ou « à thèse ». Le risque est de tomber dans la participation affective ou théorique. Une certaine facilité aurait été de reprendre le résumé assez complet de François Cavaignac et de le gloser ensuite. Or, il se trouve que son approche est loin d'être impartiale pour que les pages qu'il consacre à Monselet puissent être simplement utilisées telles quelles. François Cavaignac, en tant que franc-maçon, s'est fixé comme objectif de ne pas aborder les œuvres qui ne seraient pas suffisamment respectueuses de la fraternité. Voici sa synthèse :

> Dans cette œuvre largement dominée par l'épicurisme, le roman *La Franc-maçonnerie des femmes* apparaît comme une curiosité dont la noirceur ne correspond pas à l'esprit de son auteur. Il est complexe (plusieurs histoires annexes interrompent le récit et se superposent à l'intrigue), il contient des longueurs et quelques lourdeurs malgré un début prometteur [...]. Enfin, il nous paraît avoir été écrit avec une arrière-pensée nettement antimaçonnique[24].

Son approche du roman de Monselet est donc déjà un parti pris : les critères de lecture et d'interprétation restent figés autour des questions d'adhésion ou non aux principes de la maçonnerie, au fait que le propos défende ou non cette dernière. D'une certaine manière, l'approche ne diffère pas de celle du XIXe siècle, qui consistait à adhérer de manière élogieuse à la thèse défendue ou à dresser un portrait antithétique, en l'occurrence antimaçonnique. En outre, d'un point de vue littéraire, les remarques de Cavaignac sont à discuter. Le propre d'un roman-feuilleton c'est bien d'être étendu et interrompu par des intrigues secondaires, c'était aussi le cas du roman gothique et c'est le cas des romans initiatiques. Quant aux jugements personnels sur les longueurs chez Monselet, que faudrait-il dire de celui dont il s'inspire : *Consuelo* de George Sand ? Car c'est bien elle la femme de la situation, l'exception dans l'univers littéraire en pénurie de femmes ayant traité ce sujet.

Cavaignac ne souffle mot de la filiation entre le roman de Monselet et celui de George Sand. En introduction, il se contente

---

[24] François Cavaignac, *op. cit.*, p. 152.

d'expliquer qu'il n'abordera pas les romans occultistes : « dont ceux de George Sand *Consuelo* et *La Comtesse de Rudolstadt* (1842-1843) évoquant la franc-maçonnerie par allusion et critiques sans pour autant la faire apparaître en tant que telle »[25]. En réalité, ces deux œuvres de George Sand n'en forment qu'une seule, *La Comtesse de Rudolstadt* étant la suite des aventures de *Consuelo*. Seule la dernière partie aborde le thème de la franc-maçonnerie. Cet ensemble est quant à lui réellement exemplaire d'une longueur phénoménale : il compte quelque mille cinq cents pages et se décline en quatre parties, dont les genres se croisent : roman historique, fantastique, roman d'aventures, roman musical, récit de voyage. Simone Vierne a consacré une étude spécifique sur *George Sand et la Franc-maçonnerie*[26], où elle considère cette œuvre comme un roman initiatique. Dans la mesure, dit-elle, où il défend les idéaux de liberté, d'égalité et de fraternité, qui reviennent comme de véritables *leitmotives* : « le roman de George Sand est bien un roman maçonnique »[27]. George Sand a la particularité de faire intervenir dans l'intrigue des personnages mythiques et historiques, comme le Comte de Saint Germain ou Cagliostro. Elle se distingue particulièrement dans ses descriptions ésotériques dans le style du roman gothique par son invention de rituels terrifiants inspirés à la franc-maçonnerie. Simone Vierne en a analysé les enjeux majeurs en termes d'influences et d'imaginaire et les reprises dans l'œuvre de Monselet, bien que moins ésotérisantes, s'inscrivent dans la même implication féministe. Il ne serait de compte rendu impartial de son roman sans une mention à cette filiation.

Résumé, suite

Pendant que Blanchard — le détenteur du mystérieux coffret — tente de se faire accepter par la marquise de Pressigny — afin de le remettre comme il l'avait promis à Madame Abadie avant sa mort —, une célèbre cantatrice, Marianna, fait son apparition. Le personnage est mentionné avec l'évocation d'une cantatrice ayant réellement existé : « Quelle

---

[25] *Ibid.*, p. 16.

[26] Simone Vierne, *George Sand et la Franc-maçonnerie*, Éditions maçonniques de France, 2002.

[27] *Ibid.*, p. 154.

était la cantatrice à la mode [demande la marquise], Marianna ou Jenny Lind »[28]. Jenny Lind (1820-1887 a interprété en 1848 *La Sonnambula* de Bellini et s'en référer à elle, c'est plonger dans un univers de magie et de fascination. En effet, elle était connue pour les expériences d'hypnose qu'elle aurait eues avec James Braid — le premier théoricien de l'hypnotisme vers 1840 — pour rendre sa voix extraordinaire. Ce mythe a marqué son époque et l'imaginaire romanesque de plusieurs auteurs (par exemple, on le retrouve dans le roman *Trilby* de George du Maurier, publié en 1894). Marianna, dont on ne sait a priori si elle est espagnole ou italienne, se révèle être française, son nom civil est Marianne Rupert. Mais le doute suggéré est une allusion à la protagoniste de George Sand, Consuelo, qui est une petite bohémienne d'origine espagnole vivant en Italie, laquelle, grâce à sa voix extraordinaire, devient l'élève du grand maître Porpora à Venise. Les influences sont donc multiples, la préface de l'édition récente du roman de Monselet cite le roman de Jules Sandeau publié en 1839, intitulé *Marianna*, mais la préfacière ne dit pas que ce roman de Sandeau est dédié précisément à George Sand.

Si nous insistons sur cette filiation, c'est parce que le développement de l'intrigue et l'évolution du personnage de la cantatrice sont antithétiques entre George Sand et Monselet et c'est bien là tout l'intérêt de notre interrogation initiale : quelles variantes, quels enjeux, quels motifs suscitent les femmes dans le traitement du thème de la franc-maçonnerie ?

Chez Monselet, le meurtre initial va surtout servir au moment crucial de l'intrigue, lorsque Madame de Pressigny devient la Grande maîtresse de l'Ordre de la maçonnerie des femmes. Les implications et les dénouements seront décisifs. Marianna, de son nom de scène, après une enfance malheureuse, devient la protégée d'Irénée de Trémeleu qui l'aime depuis qu'elle a commencé à paraître en public. Leur amour est tout platonique. C'est à Londres que Marianna accède rapidement au sommet d'un succès éclatant et qu'elle va recevoir les déclarations d'amour du diplomate, Philippe Beyle, qui la séduit et auquel elle succombe totalement. Mais Philippe se lasse. Il est le prototype même du misogyne, esthète et despote dans ses relations aux femmes et cela fait l'objet de tout un chapitre intitulé : « Opinion de Philippe Beyle sur les femmes ». Il les attaque sans nuance aucune,

---

[28] Charles Monselet, *La Franc-maçonnerie des femmes*, *op. cit.*, p. 39.

selon lui les femmes « sont, disait-il, le principe de tout mal et de tout désordre : je ne leur reconnais aucune vertu, aucune qualité… »[29]. C'est le chapitre 8 de la première partie, le moment où l'intrigue se resserre. À la fin de ce chapitre, Marianna surprend les paroles infamantes de Philippe à son sujet et la Marquise de Pressigny ouvre le fameux coffret, se voyant désignée comme la grande maîtresse de la franc-maçonnerie des femmes. Tout l'enjeu sera désormais pour Marianna de se venger et de venger aussi le coup fatal que Philippe avait porté à Irénée en duel. Le roman se poursuit avec un échange épistolaire entre Philippe et son ami Léopold où l'on apprend qu'il s'est entiché d'une certaine Pandore, femme de théâtre, mais cette dernière a reçu l'ordre de le ruiner dans un délai de trois mois, toute soutenue qu'elle est par un réseau influent et considérable dont on se doute qu'il appartient à la fameuse maçonnerie. Alors que Philippe est plongé dans la misère, un soir Marianna va lui rendre visite pour lui avouer que c'est elle qui a causé sa ruine, grâce au pouvoir des femmes. Lui, emporté par la rage, la traite de folle et lui assène un coup de cravache au visage. C'est le signal pour Marianna d'une vengeance définitive.

Une autre figure féminine qui évoque le roman de George Sand en portant le même prénom que l'une des protagonistes de *Consuelo* est Amélie. Chez Monselet, Amélie est la fille du comte d'Ingrande et la nièce de la marquise de Pressigny. Elle fait la connaissance de Philippe Beyle et en tombe éperdument amoureuse. À son grand malheur, sa mère qui connaît le sort réservé à Philippe, appartenant elle aussi à la maçonnerie des femmes, lui refuse son accord pour qu'elle se marie. Entre temps, un *flash-back* nous ramène à la suite du duel entre Philippe et Irénée. Ce dernier n'est pas mort, mais blessé gravement et il survit avec une santé défaillante. Marianna décide de disparaître avec lui pour mieux élaborer sa vengeance et ils vont s'enfuir incognito dans le midi, dans les îles d'Hyères. Ainsi, on la croit morte elle aussi et le décret de ruine est suspendu pour Philippe qui va épouser Amélie.

Au retour de Marianna, le périple concerne directement la marquise de Pressigny, puisqu'elle devra sauver sa nièce Amélie de la vengeance sans pitié de Marianna. Pour ce faire, la seule solution est d'introniser Amélie dans la maçonnerie. Cette partie de l'intrigue est alors le prétexte à deux moments qui concernent la question de la franc-maçonnerie des femmes : son histoire et ses rituels.

---

[29] *Ibid.*, p. 128.

Historique fictif de l'ordre

Le chapitre historique sur les origines de la Franc-maçonnerie des femmes est le chapitre 16 de la deuxième partie, cela correspond au milieu du roman. Cet historique de la constitution d'une franc-maçonnerie féminine débute par un vrai plaidoyer féministe qui fait le pendant aux harangues de Philippes dans le chapitre 8 de la première partie. À toutes les époques de l'histoire, la résistance énergique des femmes s'est manifestée, résistance inspirée par une pensée de protestation qui a dû « naturellement être permanente chez un sexe que la législation de tous pays place dans une position subalterne et dépendante »[30]. Le propos est clair : la franc-maçonnerie doit servir la cause féministe et en défendre ses revendications. Le procédé est récurrent dans les romans à thèse du XIXe siècle : on refait l'histoire selon le point de vue que l'on défend. Ainsi, le narrateur chez Monselet demande : « Qu'était-ce donc, par exemple, que le royaume des Amazones, sinon une franc-maçonnerie des femmes, admirablement et fièrement constituée ? »[31]. La Franc-maçonnerie des femmes dans l'historique fictif de Monselet est ainsi née en France de la fantaisie d'une grande dame : Mademoiselle. Elle était la petite fille d'Henri IV, la nièce de Louis XIII et elle a poussé ses revendications de libération de la femme du joug du mari en créant une véritable colonie. On reconnaît là George Sand qui a plaidé toute sa vie pour le droit au divorce et la liberté des femmes :

> « La colonie, composée toutefois d'hommes et de femmes, devait s'établir dans quelque endroit charmant des rives de la Loire ou des rives de la Seine. Un couvent serait fondé dans le voisinage pour y exercer la charité et maintenir le niveau des esprits à la hauteur de l'ascétisme religieux. La galanterie, même la plus délicate, était bannie des relations avec les hommes ; la seule jouissance qui leur fût permise était le plaisir des conversations.
>
> Ce qui a donné la supériorité aux hommes, disait Mademoiselle, a été le mariage ; et ce qui nous a fait nommer le sexe fragile a été cette dépendance où ils nous ont assujetties, souvent contre notre volonté et par des raisons de famille dont nous avons été les victimes. Tirons-nous de l'esclavage ; qu'il y ait un coin du monde où l'on puisse dire que les femmes sont maîtresses d'elles-mêmes, et qu'elles n'ont pas tous les défauts qu'on leur attribue ; distinguons-nous dans les siècles à venir par une vie qui nous fasse vivre éternellement ! [32] »

---

[30] *Ibid.*, p, 313.

[31] *Ibid.*, p. 314.

[32] *Ibid.*, p. 317.

Le chapitre est toutefois teinté d'un humour qui nuance le propos strictement féministe. En réalité, cet humour accentue la crainte de la domination et du pouvoir que représenterait une telle association de femmes. L'argumentaire tourne autour de la question du prestige et du pouvoir, une liste des femmes illustres qui ont succédé à Mademoiselle en dit long elle aussi. Le chapitre se clôt avec une réflexion finalement ambiguë au sujet de la franc-maçonnerie des femmes : « Elle est comme un souterrain dans la société, ou bien encore comme un autre conseil des Dix, moins les masques, les bravi et les Plombs. Leconseil des Dix entre les mains des femmes ! Il y a de quoi réfléchir »[33]. La crainte des femmes est-elle dans le fond le véritable sujet du roman ? À en juger par la fin pitoyable de Philippe Beyle, il semblerait que oui.

Rituels et initiations

Ce n'est pas une noirceur et un sentiment anti-maçonnique qui l'emportent dans l'écriture de Monselet, comme l'a dit François Cavaignac, mais bien le goût du romanesque. L'imaginaire maçonnique est développé pleinement dans l'épisode de la tenue de la Loge des femmes en vue de l'initiation d'Amélie. Monselet semble surtout s'en amuser et tout est prétexte au pittoresque : Blanchard est campé sur un arbre pour guetter l'arrivée des femmes qui s'introduisent dans une petite porte un peu cachée se trouvant dans un mur qui longe le mystérieux boulevard des Invalides. Les mœurs et les existences secrètes abritées dans ce quartier de Paris, à l'époque excentré et plutôt populaire, visent plus à accroître le suspens qu'à établir toute idée de noirceur. La description effective de la loge aura lieu seulement quelques chapitres plus loin, au chapitre 26 de cette deuxième partie, c'est-à-dire vers la fin du roman. La description est donc toute vouée à accentuer le caractère insolite et fantasque d'une telle réunion, plutôt que d'en essayer une quelconque approche symbolique ou initiatique. C'est aussi un prétexte pour Monselet pour se livrer à la description de ce qu'il nomme un « musée, reflet de toutes les écoles et de tous les genres »[34] où le « grotesque côtoie quelques fois le terrible et que les figures naïves avoisinent les profils des raffinés »[35]. L'énumération des cas féminins les plus extravagants présents à la tenue est somme toute une stratégie narrative de l'étrange et de l'insolite. Entre l'épaisse bourgeoise, la servante d'un

---

[33] *Ibid.*, p. 321.

[34] *Ibid.*, p. 430.

[35] *Idem.*

curé, celle qui vient d'arriver de Martinique et la dernière pauvresse trahie par son amant en quête de vengeance : « c'est une chaudière de drames et de comédies que nous allons renverser, avec la prodigalité d'un homme qui en garde plus qu'il n'en répand, qui en tait plus qu'il n'en raconte »[36]. Ses portraits de chaque femme peuvent se lire comme des courtes nouvelles fantastiques ou même parfois des petites compositions horrifiques. L'amalgame des figures récurrentes de l'époque n'y manque pas, on y trouve même une somnambule à oracles maçonniques.

Mais des détails sur les rituels en tant que tels ? Monselet est plus concis sur cet aspect. Ce n'est donc pas ce qui prime dans son imaginaire, bien qu'il mette en scène un rituel complet avec serment et questions-réponses de la novice Amélie. Selon Cavaignac, il s'agit purement et simplement d'une invraisemblance, car Amélie répond en témoignant d'une connaissance ésotérique qui ne peut s'acquérir que dans la suite de son initiation, dit-il. Mais encore une fois, du point de vue romanesque, ce qui l'emporte ce n'est pas la vraisemblance et la transcription fidèle du rituel maçonnique, mais le climat de mystère et de connaissance occulte que la scène dégage.

En guise de conclusion, *La Franc-maçonnerie des femmes* de Charles Monselet est un roman qui a parfaitement exploité l'esthétique et la suggestion romanesque que représente la franc-maçonnerie féminine dans l'imaginaire de l'époque : des femmes innombrables et de tout milieu social confondu se réunissant dans un lieu secret avec des tenues secrètes et une devise digne des Trois mousquetaires : « Toutes pour une, une pour toutes »[37]. Un féminisme tout inspiré par George Sand bien qu'exempt de sa dimension morale et initiatique et des personnages féminins qui arrivent à leurs fins sans l'ombre d'un scrupule : Marianna va jusqu'à tuer Amélie. Voilà qui change les données des destins funestes de la plupart des protagonistes féminines du roman du XIXe siècle.

---

[36] *Idem.*

[37] *Ibid.*, p. 429.

Richard Lescure

Réflexions sur la dimension initiatique
dans les voyages extraordinaires [38] *de Jules Verne*

006 — Richard Lescure en compagnie de Michel Lamy

1 — Quelques remarques introductives sur l'œuvre de Jules Verne (du roman géographique à la littérature du mythe, de la légende, de la quête)

Cette communication se propose d'analyser, dans quelques ouvrages de Jules Verne[39], la question de la démarche initiatique telle qu'elle apparaît à différents niveaux : passage de l'enfance/adolescence à l'âge adulte, initiation symbolique, rituélique, voyages compagnonniques, etc. … L'œuvre de J. Verne sera examinée sous l'angle du scénario du voyage vers l'inconnu, la confrontation à la mort, où les héros sont exposés à des séries d'épreuves qui vont transformer radicalement l'homme « profane » et lui permettre de « renaître ». L'épreuve, dans le voyage comme dans l'initiation est essentielle par ce que nous vivons,

---

[38] L'ensemble des *voyages extraordinaires* a été « couronné » par l'Académie Française en 1872 (mais J. Verne n'a jamais pu faire partie de cette vénérable institution, malgré deux tentatives et le soutien d'Alexandre Dumas fils).

[39] Avec un regard particulier sur *Voyage au centre de la Terre,* Pocket, éd. 1999.

ressentons, par nos réactions, ou encore l'expérience que nous en retirons. Mais, dans nos parcours divers, nos recherches et notre quête, ces épreuves nous montrent que nous ne sommes, ou que nous ne percevons que comme des épreuves (au sens, cette fois, d'image imparfaite, inachevée[40]).

En choisissant ce thème de travail, j'avais à cœur d'explorer de nouveau, de revisiter une œuvre, dont certains romans m'avaient étrangement et fortement marqué dans une première lecture lorsque j'étais adolescent.

Dans la présentation de cette communication, en vue du séminaire de Rennes-le-Château[41], j'ai été assez inspiré en indiquant que je me cantonnerais à une analyse de quelques ouvrages seulement puisqu'aussi bien Jules Verne a été un auteur plus que prolixe… et je dois admettre que je n'avais pas le temps nécessaire pour relire les milliers de pages qui composent cette œuvre [42]et même dans bien des cas découvrir certains de ses romans et nouvelles moins connus dont, jusqu'à il y a peu, j'ignorais l'existence.

Il a, en effet, fait paraître de 1864 à 1905 pas moins de 62 romans [43](qui correspondent en fait à 79 voyages)[44], et 18 nouvelles, sans compter le théâtre et la poésie et bien d'autres écrits[45]. Il a publié, incité par Pierre-Jules Hetzel[46] son unique éditeur[47], ses « romans d'aventures », destinés en principe aux jeunes lecteurs adolescents, mais recommandés aussi, si l'on en croit la publicité très bien menée par l'éditeur, aux parents. L'œuvre de Jules Verne a connu de son vivant et

---

[40] Comme est une épreuve d'artiste.

[41] Organisé le 1er août 2015 par l'Association « l'œil du Sphinx ».

[42] Plus de 20 000 pages au total.

[43] *Les voyages extraordinaires* ont, en 2012, été (enfin !...) partiellement pour 4 d'entre eux publiés dans la Pléiade (Gallimard).

[44] Et qui constituent un total de 97 volumes !... certains romans couvrent 2 ou 3 volumes…

[45] Jules Verne est également l'auteur de nouvelles (dont Gil Bratar, un « hidalgo dément ») et de romans humoristiques (voire Vaudevillesque e.g. *Clovis Dardentor*, où l'on retrouve le Capitaine Bugarach, du nom d'un village de l'Aude… en pays Cathare.

[46] Un des principaux éditeurs du XIXème siècle, grand découvreur d'auteur, rompu à ce qu'on pourrait désigner aujourd'hui par les termes de promotion et de marketing… il était lui-même écrivain connu sous le nom de Pierre-Jules Stahl, très impliqué dans la vie politique… il sera par exemple chef de Cabinet de Lamartine (cf. *Encyclopaedia Universalis*). Il a comme Jules Verne, sans en faire partie… fréquenté des francs-maçons.

[47] Qui comptait également parmi « ses » auteurs : Balzac, Hugo, Sand, ou encore Dumas...

connaît aujourd'hui encore une gigantesque audience internationale. Il est l'écrivain français le plus traduit dans le monde. L'Index Translationum, une bibliographie internationale diffusée par UNESCO, place Jules Verne parmi les cinq auteurs les plus traduits dans le monde[48]. Dans d'autres publications, on le cite comme le quatrième auteur mondial en nombre d'exemplaires vendus[49].

Il y a certaines ambigüités en ce qui concerne le public visé.[50] La principale, qui a longtemps été propagée, voire entretenue, porte sur le contenu « scientifique » et « prophétique » de l'ensemble de l'œuvre. On a souvent dit et écrit que Jules Verne faisait preuve d'anticipation par rapport à des objets, des « machines » qui ne pourraient exister que dans un futur plus ou moins lointain. Cela n'est pas exact, s'il fait bien, dans une large mesure un inventaire des sciences et techniques de son temps, l'objectif paraît bien aller au-delà et relever, comme cela a été dit [51] d'un autre dessein plus conforme à ses désirs profonds, celui de *« décrire la terre entière »*.

Cet aspect de description, cette volonté, se retrouve dans ce qui a été décrit sous les termes de « romans géographiques », que Jules Verne a pu un moment revendiquer à son époque[52], même si son œuvre ne s'y cantonne pas. Ces romans (et la littérature de découverte) se sont développés parallèlement aux romans historiques, dans la deuxième moitié du XIXe siècle. Les critiques d'alors ont pu dire que Jules Verne était à la géographie ce qu'Alexandre Dumas était à l'histoire[53].

Les romans géographiques, pour leur part, s'articulent autour du passage entre une géographie du réel et une géographie de l'imaginaire. La transition est assurée par un « opérateur » qui peut être défini comme une forme de « merveilleux géographique ». Ce dernier associe un récit de genre poético-mythique au merveilleux exotique, tel qu'il est précisé dans la typologie définie par Tzvetan Todorov.[54]

---

[48] Après Walt Disney Productions, Agatha Christie,... la Bible et Les ouvrages de Lénine.

[49] D'après Joëlle Dusseau (*Jules Verne*, Paris : Perrin, 2005. 560 p.)

[50] Qu'il a lui-même entretenue dans la mesure où en sous titre de la revue qu'il a créée (Le Magasin d'Éducation et de Récréation), il a indiqué en sous-titre : « enfance, jeunesse, famille »

[51] Simone VIERNE : *Des romans du Graal aux romans de Jules Verne : surgissements et éclipses du mythe de la Quête.*

[52] Jules Verne devient membre, en 1865 de la Société de Géographie.

[53] Et cette opinion a été largement répandue au cours du XXème siècle également.

[54] Tsvetan *Todorov, Poétique de la prose.* Paris, Seuil, 1971.

Il y a bien dans l'œuvre de Jules Verne, encouragé en ce sens par Pierre Jules Hetzel notamment, un dessein pédagogique dans cette œuvre a priori destinée à la jeunesse, dont le titre général « *Voyages extraordinaires dans les mondes connus et inconnus* » nous renvoie à ce qui est contemporain de l'auteur, mais aussi à ce qui pourrait exister dans des ailleurs plus ou moins déterminés.

Cette volonté pédagogique, que je rappelais précédemment, est bien à concevoir au sens fort et étymologique : pais/paidos (παιδός l'enfant) et agogein (ἄγω: accompagner). Il s'agit d'accompagner au cours d'un voyage, mais cela va plus loin puisqu'il s'agit aussi bien d'accompagnement dans l'espace terrestre, maritime ou spatial, mais aussi dans le monde encyclopédique des sciences/techniques de l'époque.

Comme le fait remarquer Michel Serres, il y a une dimension d'anticipation chez Jules Verne « non point au sens de la science-fiction, car il n'a jamais avancé sur la science qui, chez lui, dépasse rarement le positivisme d'Auguste Comte. Mais, parce qu'il fait fonctionner le mythe et la pédagogie ensemble, il a anticipé sur notre société [55]».

Comme cela a été montré, la science et la technologie dans l'œuvre de Jules Verne sont le plus souvent en deçà des découvertes et innovations de son temps. Ainsi, Michel Serres a-t-il pu indiquer que « la seule science que maitrise Jules Verne est la mythologie »[56]. La redécouverte, plus distanciée de quelques un des titres majeurs m'a bien confirmé qu'il y a dans cette œuvre tout un ensemble cohérent d'éléments qui gravitent autour de la quête initiatique.

Dans ces écrits de Jules Verne se trouve aussi une élévation vers une sorte de poésie des mythes et légendes, la science des hommes et les voyages qui se situent bien à différents niveaux sur lesquels je reviendrai. Sur la relation entre la poésie, l'imagination et le mythe, c'est ce que pense semblablement Michel Butor[57], fidèle lecteur et un admirateur des *voyages extraordinaires*. Il écrit, par exemple : « *Tout le monde a lu Jules Verne, et a éprouvé*

---

[55] Michel Serres, In *Jules Verne aujourd'hui, conversations avec Jean Paul Dekiss*, Ed. Le Pommier 2013, p 128.

[56] Michel Serres : *Jouvences sur Jules Verne*. Éditions de Minuit. 1974.

[57] Michel Butor, *Essais sur les modernes*, Gallimard, 1967 (coll. Idées).

cette prodigieuse puissance de faire rêver qui fut le partage de son génie érudit et naïf. Les mythes que Jules Verne nous exposait, dans son langage précis, nous habitent encore… » Par rapport à la langue utilisée, aux termes choisis, au rythme de la phrase, à l'agencement des mots, comme par rapport aux images et à l'imagination qu'elles suscitent, d'aucuns ont vu en lui un auteur tel un « visionnaire rimbaldien », capable de donner le pouvoir « magique » de transformer le monde, simplement en le concevant d'un regard neuf.

Michel Serres, de son côté, rapproche Jules Verne d'Auguste Comte : « tous deux — dit-il — […] rapprochent le mythe et la science » et rappelle les deux sens de légende (ce qu'il faut lire « légenda » et comment il faut lire « legendo »). Jules Verne nous dit comment lire la géologie ou l'astronomie[58], quand ce n'est pas la zoologie et j'ajouterai la paléontologie ou l'ichtyologie. Il convient de préciser que, par rapport à la dimension scientifique, malgré l'admiration qu'a Jules Verne par rapport aux découvertes scientifiques et aux innovations techniques, il pressent que ces progrès peuvent être utilisés, transformés par les hommes à des fins non pacifiques et utilisés comme machines de guerre et comme engins de mort. Le Nautilus des 20 000 lieux sous les mers en fournit au fond le premier exemple.

Cette succession d'adjectifs dans le titre évoqué évoque bien la double dimension romanesque, d'aventure teintée d'utopie et d'imaginaire (extraordinaires) et de voyage (mondes connus et inconnus). Le terme « extraordinaire », dans les œuvres de l'époque et de celles qui l'ont précédée, s'applique aussi bien à la littérature fantastique ou même d'horreur. C'est le cas par exemple pour *les histoires extraordinaires* ou des *aventures d'Arthur Gordon Pym* d'Edgar Alan Poe, auteur qui a, comme Ernst Theodor Wilhelm Hoffmann, [59] inspiré Jules Verne[60], ou plus tard Howard Phillips Lovecraft[61].

---

[58] Michel Serres In *Jules Verne aujourd'hui, op. cit.* , pp. 123 et sq.

[59] Notamment dans *Le Château des Carpathes* et *les Indes Noires*.

[60] Jules Verne est l'auteur d'une étude littéraire : *Edgard Poe et ses œuvres*, publiée en 1863.

[61] Qui n'avait que 15 ans à la mort de Jules Verne en 1905 mais qui s'était déjà essayé à l'écriture. A noter, parmi ses œuvres, notamment *L'appel de Cthulhu*, ou *la Cité sans nom* (1921) qui fait allusion au fameux *Nécronomicon*, d'un auteur fictionnel Abdul al-Hazred.

Il ne s'agit donc pas seulement avec Jules Verne de littérature de voyage, telle qu'elle a été développée au 19e siècle par des auteurs tels que Pierre Loti ou Victor Segalen. J. Verne ne se contente pas de rester au niveau descriptif de la littérature de voyage/aventure (l'aventure « terre à terre » en quelque manière), comme ont pu le faire Paschal Grousset ou d'autres auteurs contemporains [62], parmi lesquels Paul d'Ivoi[63] et ses « voyages excentriques » qui ont, à certains égards, pu être considérés comme « concurrents » de Jules Verne ou encore Pierre Mac Orlan qui a entretenu de fortes relations avec les romans d'aventures, avec des œuvres comme *Le chant de l'équipage*, *Les clients du bon chien jaune…* et surtout le *Manuel du petit aventurier*.[64]

Le récit de voyage, au XIXe siècle, est caractérisé par une « double contrainte, d'un côté se trouve le désir des voyageurs de rendre compte par l'écriture de la réalité qu'ils rencontrent et, de l'autre, ils sont confrontés à l'objectif littéraire du projet qui les conduit à favoriser une dimension fortement pittoresque d'une réalité mythifiée au détriment des éléments objectifs. Et au fond, ce sont bien les notions de mondes inconnus et de voyages extraordinaires qui renvoient a priori à la question de l'initiation et qui confèrent à la légende, à la quête et au mythe…

Plus que jamais, chez Jules Verne, l'homme n'est pas seulement *homo sapiens,* mais aussi *homo viator* quand il n'est pas *homo errator.* Homme des voyages, des découvertes ou des errances. On retrouve là le mythe du héros voyageur qui traverse les âges depuis l'épopée de Gilgamesh (texte qui date de 3600 ou 3700 ans et qui, de fait, représente la première œuvre littéraire que nous connaissions, dans la culture occidentale en tout cas), héros mi-dieu, mi-homme qui accomplit en quelque manière un voyage initiatique[65] : à la suite des épreuves qu'il va surmonter, Gilgamesh, alors qu'il est en quête d'immortalité va, à la suite de ses voyages, des épreuves physiques et morales, apprendre à accepter sa condition d'humain. Orgueilleux, égoïste, confronté à la douleur du deuil, aux déceptions, aux échecs, il apprend l'humilité et acquiert finalement la sagesse. Les épreuves

---

[62] Plus connu dans l'édition par l'un de ses pseudonymes André Laurie.

[63] De son vrai nom Paul Deleutre (cf. *Le diamant d'Osiris*).

[64] Pierre Mac Orlan (1882-1970), Editions de la Sirèvne 1920 (rééditions Gallimard 1951) où il établit la fameuse différence entre « l'aventurier actif» et « l'aventurier passif ».

[65] Cf. tablette 45 de l'épopée.

diverses vont le faire autre (ce qui est au principe et la justification de l'initiation). Dans l'aire culturelle occidentale, le voyage, dans l'Antiquité, c'est aussi l'*Odyssée* ou *l'Enéide*.

2 — la quête initiatique et les voyages extraordinaires

La notion de quête représente un « paradigme » fort de la littérature depuis l'Antiquité puis le Moyen Âge en France et en Occident [66] et la quête à travers les voyages revient au premier plan avec la révolution romantique. Le voyageur redevient un « quêteur absolu » selon la formule de Léon Cellier [67], qui se situait dans la pensée de Mircea Eliade, qui affirmait, dans *Images et Symboles*.[68] : « Quelle entreprise exaltante ce serait de révéler le véritable rôle spirituel du roman au 19e siècle qui, en dépit de toutes les formules scientifiques, réalistes, sociales, a été le grand réservoir des mythes dégradés ».

Léon Cellier a pu rappeler « le commentaire ésotérique » qu'avait fait André Corboz du *Voyage au centre de la terre*, roman sur lequel je reviendrai plus centralement et qui a été pour une part à l'origine de ce travail, parce qu'en effet, « *C'est le roman d'aventures* [...] *qui se prête le mieux à cette transmutation spirituelle* », celle qui « *transforme l'aventure humaine en mythe* » [69].

Cependant, la transmutation évoquée peut être confrontée à l'angoisse de l'échec. Cela rappelle C. Baudelaire : l'inconnu peut être salvateur, mais dans un de ses poèmes[70], l'au-delà peut n'être plus qu'un théâtre vide. Ainsi, la transmutation, la métamorphose ne peut avoir lieu. Cet espoir, cette attente et cette angoisse se retrouvent dans différents romans qui composent ces « voyages extraordinaires » qui, par leur intitulé même, ouvrent déjà sur diverses dimensions initiatiques[71].

---

[66] Cf. les écrits autour de la légende arthurienne par exemple (voir G. Bertin : *La quête du Saint Graal et l'imaginaire*, Corlet, 1997).

[67] N° 4 des *Cahiers internationaux de Symbolisme*, « Le roman initiatique en France au temps du Romantisme », 1964

[68] Mircea Eliade, *Images et symboles. Essais sur le symbolisme magico-religieux*. Paris, Gallimard, 1952.

[69] André Corboz, « Au milieu de la nuit, j'ai vu le soleil resplendir... », *Action et Pensée*, n°3, Genève, 1961, cité par Léon Cellier « Le roman initiatique en France au temps du Romantisme », repris dans *Parcours initiatiques, op.cit.*, p.127.

[70] *Le rêve d'un curieux*

[71] Ce qu'avait déjà repéré Michel Butor in *Le point suprême et l'âge d'or*, in «Arts et Lettres» n°15 et A travers quelques romans de Jules Verne, Editions de Minuit, 1960.

Selon Van Gennep[72], qui a été l'un des tout premiers à décrire les rites d'initiation dans les sociétés, ce sont des franchissements de seuils symboliques, sociaux ou spirituels. Ils assurent les passages du monde profane au monde sacré, qui ne sont pas compatibles. Le passage doit s'accompagner, être précédé plus exactement d'un temps d'arrêt ou d'errance : un stage, arrêt sur le seuil, la marche ou encore le limen, tous ces mots désignant l'entre-deux mondes. Van Gennep repère que ces passages d'un monde à l'autre sont structurés en trois temps, correspondant à trois types de rites :

1. Les préliminaires, avec les rites de séparation, dont les plus fréquents concernent la rupture avec le monde de l'enfance dominé par la mère.

2. Les liminaires, avec les rites de marge, où l'on trouve de façon récurrente des mises à l'écart en des lieux où l'on se perd, tels les forêts, les déserts (dans le cas qui nous occupe — *du voyage au centre de la Terre* — la chute vertigineuse vers la mer intérieure)... où le novice (le « myste » Axel[73], notre héros), subit des épreuves qui le confrontent à la perspective de sa propre mort et sa possible renaissance.

3. Les post liminaires, avec les rites d'agrégation, où le sujet est initié aux pratiques ancestrales, où l'autre monde se révèle à lui. Il devient ainsi un autre homme ou une autre femme et rejoint le groupe des initiés.

Pour A. Van Gennep, « *chaque société générale peut être considérée comme une sorte de maison divisée en chambres et couloirs* » : lorsqu'on veut sortir d'un groupe ou encore entrer en contact avec un autre, il y a accomplissement d'actes ritualisés (épreuves, modes d'expression verbale ou non verbale : signe de reconnaissance ou simplement de politesse).

Dans l'initiation, telle qu'elle est décrite depuis l'Antiquité chez les Grecs par exemple avec l'épreuve de la *kryptie* à Sparte (en grec ancien κρυπτεία / *krupteía*, κρύπτεια / *krúptei* « cacher, se

---

[72] Arnold Van Gennep, *Les rites de passage : étude systématique des rites de la porte et du seuil, de l'hospitalité, de l'adoption, de la grossesse et de l'accouchement, de la naissance, de l'enfance, de la puberté, de l'initiation, de l'ordination, du couronnement, des fiançailles et du mariage, des funérailles, des saisons, etc.*, Paris, 1909. Réédition 1981.

[73] Le myste (μύστης), celui dans les mythes d'Eleusis qui a reçu le premier degré de l'initiation, *le myste devrait répondre à des questions, et prononcer une formule permettant l'admission, Mystères* : V. Magnien, *Les Mystères d'Éleusis*, Paris, Payo.

cacher, dissimuler ») il ne s'agit pas un processus d'éducation, mais bien d'initiation d'un certain nombre de jeunes gens qui devaient vivre solitaires, dans la campagne. Dans ces rites, on prend progressivement conscience que l'on se trouve situé, projeté même parfois dans un nouvel espace, différemment structuré, dans lequel le nouvel initié va pouvoir reconstruire son être avec les outils, expériences, accompagnements et divers éléments relevant de l'instruction qui a pu être donnée.

Pour revenir à l'œuvre de Jules Verne, si on suit la brillante et très fouillée analyse effectuée par Simone Vierne[74] on retrouve dans *les voyages extraordinaires* trois dimensions :

le voyage « d'exploration et de quête », correspondant à une initiation de 1er degré (relèvent de cette dimension : le *Voyage au centre de la Terre* ou encore *: Cinq semaines en ballon, Les Aventures du capitaine Hatteras, De la Terre à la Lune,* etc.). C'est aussi la quête du père (*les enfants du Capitaine Grant*) ;

le voyage « héroïque », où, après la quête, les héros se retrouvent dans la lutte face à des monstres (*le château des Carpates, Robur le conquérant...*)

le voyage vers l'« initiation supérieure ». Avec cette troisième dimension, il s'agit d'aller plus loin dans l'approfondissement des héros qui poursuivent leur quête. Alors « la révélation et le contact avec le Sacré se font dès cette vie[75] ». On peut considérer que la série de romans qui relèvent de cette dimension commence avec *l'Île mystérieuse* (où l'on retrouve les trois degrés d'initiation), qui se présente une suite à la fois de *Vingt mille lieues sous les mers* et *Des Enfants du capitaine Grant.*

Dans ces romans (dits parfois de « robinsonnade »), le voyage en lui-même n'est plus l'objet central. On se retrouve dans un lieu inconnu, plus ou moins hostile où les héros doivent survivre, surmonter des difficultés, résoudre à une énigme, un « secret » qui les dépasse et qui, en même temps, les anime. Le secret sera découvert, mais ils ne seront cependant pas face à quelque divinité, mais à un homme... Nemo très diminué, proche de la mort. Avec ce roman, on est plongé dans une utopie d'un monde en miniature.

---

[74] Dans sa thèse de doctorat éditée sous le titre : *Jules Verne et le roman initiatique*, Editions du Siriac, 1973, 779 pages.
Cf. aussi : S. Vierne *Jules Verne, mythe et modernité*, Paris, P.U.F. 1989.

[75] Simone Vierne, *Jules Verne et le roman initiatique*, op. cit, p. 231.

Une île, progressivement occupée par des colons dans un processus de civilisation avec l'histoire d'une jeune société en « *perpétuel miracle* »[76] régi par la puissance de quelqu'un qui possède une « *puissance pour ainsi dire infinie* ».

Les héros sont — qu'ils disparaissent ou non — confrontés à la mort (ce qui est habituel dans les rites initiatiques et certains portent la notion de mort dans leur nom même : Je rappellerai simplement que Servadac[77] est bien le palindrome de cadavres…). La mort, la disparition, peut se produire de manière extrêmement violente parfois, à la suite de catastrophes (éruptions volcaniques, cyclones, naufrages (par exemple dans *l'Île à hélice* : « *Plus d'abri, plus de refuge nulle part. La batterie de l'Éperon, qui est alors au vent, n'offre aucune protection ni contre les paquets de houle, ni contre les rafales qui cinglent comme de la mitraille. Les compartiments s'éventrent, et la dislocation se propage avec un fracas qui dominerait les plus violents éclats de la foudre… La catastrophe suprême est proche* »…).

Ces descriptions ne sont pas sans rappeler notamment les récits et la littérature de catastrophe des XVIIIes et XIXes siècles[78] où l'on retrouve un vocabulaire comparable. La description des victimes dans *Face au drapeau* est également assez édifiante : « *ça et là furent recueillis quelques cadavres affreusement mutilés, des membres épars, une boue ensanglantée de chair humaine* »[79]. Les catastrophes ainsi présentées, et qui remplissent souvent une fonction cathartique, peuvent, comme pour celles qui sont décrites par Jules Verne et qui répondent à d'autres finalités, être d'origine naturelle ou avoir été provoquées par l'homme. Par rapport aux catastrophes évoquées, Jules Verne a repris un de ses écrits, *Le Chancellor*[80], où il s'est inspiré des récits du naufrage de la frégate la Méduse [81] et du tableau le *Radeau de la Méduse* de Géricault, et allégorie de la Commune de Paris : « *Je vous apporterai*

---

[76] Jules Verne, *L'île mystérieuse*, p. 150.

[77] Cf. Hector Servadac.

[78] Cf. par exemple : la recherche effectuée par Elena Velescu qui, dans le cadre de sa thèse de doctorat, fait une analyse très fine de ces récits, in *«La représentation des catastrophes naturelles en littérature et peinture dans l'espace culturel franco-allemand entre la deuxième moitié du XVIIIe siècle et le début du XIXe siècle »* (EPHE, Paris, 2015, en attente de soutenance).

[79] *Face au drapeau.*

[80] Publié en 1875.

[81] Qui a eu lieu en 1816.

donc un volume d'un réalisme effrayant. C'est intitulé Les Naufragés du Chancellor. *Je crois que le* Radeau de la Méduse *n'a rien produit d'aussi terrible. Je crois surtout que cela aura l'air vrai, à moins que je ne me trompe »*

Dans l'*Île mystérieuse,* J. Verne évoque, dès le début du roman, d'autres catastrophes réelles : l'ouragan de mars 1865 : « *les ravages qu'il produisit furent immenses, en Amérique, en Europe, en Asie [...] villes renversées, forêts déracinées, rivages dévastés par des montagnes d'eau [...] plusieurs milliers de personnes écrasées sur terre ou englouties en mer »*[82], ainsi que les semblables « désastres » qui avaient eu lieu à la Havane et à la Guadeloupe.[83]

3 — Épreuves et quête initiatique dans *le voyage au centre de la Terre*

Dans ma récente relecture butineuse de l'œuvre de Jules Verne, je me dois de reconnaitre que *Le voyage au centre de la Terre* a occupé une place singulière. Il représente par rapport à l'ensemble des « voyages extraordinaires » probablement le roman le plus réussi. Il est non seulement tout fait de multiples rebondissements, d'épreuves et de confrontation aux quatre éléments, mais aussi, il renvoie à ce que j'ai évoqué : une véritable « poésie de la matière », selon l'expression de Roger Bozzetto[84] avec une sorte de « *magie des noms savants dont la litanie hypnotise et qui anticipe les intuitions de Gaston Bachelard* ».

On partage les émerveillements des héros (y compris Lidenbrock, pourtant peu enclin à s'enthousiasmer) face aux « jeux de miroirs et de lumière » que se trouvent décrits dans la grotte : « *la lumière électrique faisait splendidement étinceler les schistes, le calcaire et le vieux grès rouge des parois [...] des spécimens de marbres magnifiques revêtaient les murailles, les uns de gris agate avec des veines blanches capricieusement accusées, les autres de couleur incarnat ou d'un jaune tâché de plaques rouges ; plus loin, des échantillons de griottes à couleur sombre, dans les-*

---

[82] *L'Ile mystérieuse*, Paris, Gallimard, « la Pléiade », éd. 2012, p. 6.

[83] En octobre 1810 et en juillet 1825.

[84] Voyage au centre d'un texte singulier, in *Jules Verne ou les inventions romanesques,* Encrages Editions, Amiens 2007, pp 111-116.

quels le calcaire se relevait en nuances grises »[85]. Ailleurs, ce sont des remontées au début du quaternaire : « *Voilà la mâchoire infé-rieure du mastodonte, disais-je ; voilà les molaires du dinothé-rium ; voilà un fémur qui ne peut avoir appartenu qu'au plus grand de ces animaux, au mégathérium* ».

Au-delà de la dimension évoquée, Simone Vierne indique également que, pour elle, *le Voyage au centre de la terre* correspond à « un roman à part en raison de sa charge mythique »[86]. C'est donc cette œuvre que je me propose d'analyser plus largement. Pour moi, également, « *le voyage au centre de la Terre* » est parmi les romans de Jules Verne celui qui me paraît le plus évidemment renvoyer à une quête ini-tiatique de 1er degré, celle à laquelle le jeune Axel va être confronté.

Avant d'aborder plus avant l'initiation dans ce roman, je ferai tout d'abord une remarque : plus qu'un voyage au centre de la Terre, cette aventure constitue un voyage dans le temps. À 120 kilomètres sous terre, les héros découvrent en fait un univers beau-coup plus proche de la préhistoire que de celui du 19e siècle. Ainsi, l'auteur fait-il une incursion dans l'archéologie, et ce faisant, il nous fait remonter d'une certaine façon des origines de la Terre aux origines de l'homme (cf. infra le rêve d'Axel).

Pour Simone Vierne, dans *Voyage au centre de la terre*[87], il s'agit bien d'une véritable « *descente initiatique aux enfers* » sur les traces d'Enée[88] et de Virgile : « *Axel, après bien des héros légendaires doit affronter le monde souterrain pour acquérir son statut de héros. Le symbolisme, plus peut-être que dans d'autres romans, domine de loin les références pédagogiques* ». Il s'agit bien ici d'une quête dans la mesure où une quête initiatique est fondamentalement « une recherche de l'essentiel » (comme le seraient la quête du Graal et d'autres formes de quêtes qui ont pu aboutir à des œuvres littéraires[89]).

Toute autre quête ou simple voyage ne peuvent en effet être qualifiés « d'initiatique », mais davantage de voyages touristiques plus ou moins teintés de spiritualité. La quête initiatique peut être

---

[85] *Voyage au centre de la terre*, p. 150.

[86] Simone Vierne, *Jules Verne et le roman initiatique*, p. 42.

[87] Simone Vierne : *op. cit, ibid.*

[88] Énée (Αἰνείας) héros de la guerre de Troie et chanté par Virgile.

[89] *Dictionnaire des mythes littéraires*, sous la direction de Pierre Brunel, Éditions du Rocher, 1998.

définie comme un état d'itinérance (cf. « homo errator ») d'un « cherchant ». Il est clair que nombreux sont ceux parmi les hommes — et surtout parmi ceux qui cherchent explicitement à se dépasser — pour qui tout leur être aspire à une libération de leurs entraves et à pouvoir de s'échapper leurs préoccupations triviales, quotidiennes.

Mircea Eliade indique, pour sa part, que lors de sa lecture du roman, il a été « fasciné par la hardiesse des symboles, la précision et la richesse des images. L'aventure est proprement initiatique et, comme dans toute aventure de cet ordre, on retrouve (dit-il) les égarements dans le labyrinthe, la descente du monde souterrain, le passage du feu, la rencontre avec les monstres, l'épreuve de la solitude absolue et des ténèbres, enfin l'ascension triomphante qui n'est autre que l'apothéose de l'initié. »

Nos deux scientifiques y sont guidés par un Islandais [90] particulièrement flegmatique du nom de Hans qui, malgré le peu de mots qu'il prononce tout au long du récit, occupe pourtant un rôle essentiel dans cette aventure initiatique que nous conte Jules Verne. Hans, de qui il est dit qu'il a « un tempérament d'un calme parfait, non pas indolent, mais tranquille. » Sans ce guide capable d'affronter les plus graves périls avec une indifférence totale, mais capable aussi de réagir instantanément en cas de danger imminent.

En faisant le choix d'engager Hans comme guide, le professeur Lidenbrock a fait un choix plus que judicieux. Sans la vaillance, la protection constante, efficace de ce véritable « ange gardien », l'enthousiasme, la passion de son oncle et l'intelligence d'Axel auraient été très insuffisants. Cet accompagnement d'un homme tranquille, quasi silencieux n'est pas peut être pas sans rappeler l'accompagnement du profane lors de sa traversée des épreuves au cours de la cérémonie d'initiation maçonnique.

Axel, dès le début de son « voyage » comme tout individu en prélude à ses épreuves initiatiques, dès son instruction[91], peut se douter, sinon même percevoir qu'il va entrer dans une phase irréversible de sa vie qui va le conduire à repenser et envisager son existence, sa relation au monde et à lui même d'un point de vue radicalement différent. Axel comme son oncle Lidenbrock et le « guide » Hans vont être

---

[90] Mircea Eliade : *fragments d'un journal,* (traduction du roumain) Gallimard, 1973.

[91] Comme tout apprenti maçon lors de son initiation.

confrontés au labyrinthe, à une traversée symbolique du diamant[92], à diverses épreuves avant l'arrivée dans le « lieu sacré[93] » la mer intérieure, émerveillé qu'il est dans cet espace clos, cette plongée dans une sorte de liquide amniotique… illumination face aux merveilles qu'il découvre, aux mystères qui l'environnent, au rêve qu'il vit : rêve de la remontée vers la préhistoire, attente d'évènements à venir…

Le labyrinthe évoqué n'est pas sans rappeler celui où Thésée, homme déjà vieillissant pourra être rajeuni grâce au sang du taureau, et comme dans la religion de Mithra, pourra affronter victorieusement le Minotaure et, une fois sorti de ce dédale, pourra, aussi, renaître à la vie nouvelle.

Les héros du *Voyage* sont soumis à différentes épreuves qui sont aussi dans une certaine mesure ne sont pas sans rappeler les voyages des compagnons[94] :

1)   le vertige, double : celui physique et celui que l'on ressent parfois face à l'inconnu, où on pense que sa vie va basculer. Vertige lorsqu'ils montent jusqu'au clocher de Frelsers-hirk (pp 72 et sq[95]) qui fait partie de la « préparation » d'Axel. Il faut « prendre des leçons d'abîme » lui dit Lidenbrock, vertige aussi lorsqu'il tombe longuement dans la grotte, vertige enfin que donne la peur. Il s'évanouira de nouveau sur la mer intérieure (p. 245) et connaître des frayeurs extrêmes (« *une invincible épouvante s'empara de mon cerveau et ne le quitta plus. J'avais le sentiment d'une catastrophe soudaine et telle que la plus audacieuse imagination n'aurait pu la concevoir* » p. 291).

2)   La seconde épreuve est celle de l'eau et de la mer. La première confrontation à l'eau et à la mer a lieu… en mer (en surface), traversée calme au début, plus agitée ensuite, mais ce premier voyage n'est rien à côté de ce qui attend les héros dans la mer intérieure où se mêlent l'eau et le feu… « *les vagues soulevées semblent être autant de mamelons ignivomes sous lesquels couve un feu intérieur et dont chaque crête est empanachée d'une flamme* »[96].

---

[92] Cf. voyage au centre de la terre, éditions Pocket, 1999, p. 162.

[93] A prendre au sens étymologique : séparé et circonscrit. Ce mot provient du latin « sancire », délimiter, entourer, qui prit par la suite le sens de sacralisé, sanctifié. Les rites d'initiation, d'élévation ou d'exaltation visent toujours à se rapprocher du lieu sacré et puis de l'atteindre, parfois en différents degrés….

[94] Cf. sur un autre plan les 5 voyages du second degré en maçonnerie.

[95] Les pages citées sont celles qui correspondent à l'édition Pocket Classiques, 1999

[96] *Le voyage… .* p. 242.

La mer est un thème récurrent dans l'œuvre. Un des neveux de Jules Verne assurera qu'il avait trois passions dans sa vie : *La liberté, la musique et la mer.*[97]

Dans différents épisodes du roman le feu (et sa chaleur) et l'eau se mêlent. C'est le cas avec le geyser, puis au moment de la « remontée » vers le cratère du Stromboli (pp 291 et sq.)

3)   Les épreuves suivantes sont celles de la soif et de la faim. Comme de nombreux explorateurs, les héros doivent affronter la soif (pp. 155-157), puis plus tard la faim (p. 301)

4)   La quatrième épreuve l'on peut évoquer est celle du feu (élément primordial dans l'œuvre, ainsi que le rappelle Michel Butor[98]) et que l'on retrouve que ce soit sur la mer intérieure ou dans la cheminée du volcan. Au-delà des aventures du Voyage au centre de la Terre (ou les héros sont tout à tour au pied du Sneffels et dans la cheminée du Stromboli), les volcans se trouvent présents [99] dans 13 romans et nouvelles [qui peuvent être l'Erebus ou le Vanglor…][100]

5)   Et, enfin l'épreuve essentielle dans une initiation est bien l'épreuve de la solitude et de l'introspection dans l'obscurité, ici par surcroit dans le monde souterrain. Axel va subir une mort symbolique avant de revivre, de remonter et de retrouver la lumière.

Axel va-t-il jusqu'au bout de sa quête ? Va-t-il connaître la transmutation évoquée ? Il y parvient, par l'intermédiaire de l'imagination : « *Je rêve tout éveillé* […] *Tout ce monde fossile renaît dans mon imagination. Je me reporte aux époques bibliques de la création, bien avant la naissance de l'homme lorsque la terre incomplète ne pouvait lui suffire encore* […] *Toute la vie de la Terre se résume en moi et mon cœur est seul à battre dans ce monde dépeuplé* […]*[101]. Les siècles s'écoulent*

---

[97] Marcetteau-Paul Agnès. *Jules Verne, romancier de la mer*, cité par Lionel Dupuy in : Géographie et imaginaire géographique dans les *Voyages Extraordinaires* de Jules Verne : *Le Superbe Orénoque* (1898), thèse de Doctorat, 2009 (Université de Pau et des Pays de l'Adour).

[98] Michel Butor, *Essais sur les modernes*, op. cit.

[99] Jean-Pierre Picot. *Le Volcan chez Jules Verne: du géologique au poétique.* Bulletin de la Société Jules Verne 111. 1994. et *Les Enfants du capitaine Grant.* 3ᵉ partie.

[100] *Le Volcan d'or - L'Île mystérieuse - Voyage au centre de la terre - Les Enfants du capitaine Grant - Voyage et aventures du capitaine Hatteras - Vingt milles lieues sous les mers -Maître du monde - Hector Servadac - Cinq semaines en ballon - Robur le Conquérant - Frritt-Flacc - Un drame au Mexique et autres nouvelles - Face au drapeau.*

[101] Pp 222-223.

comme des jours ! Je remonte la série des transformations terrestres. Les plantes disparaissent ; les roches granitiques perdent leur dureté ; l'état liquide va remplacer l'état solide sous l'action d'une chaleur plus intense ; les eaux courent à la surface du globe ; elles bouillonnent, elles se volatilisent ; les vapeurs enveloppent la terre, qui peu à peu ne forme plus qu'une masse gazeuse, portée au rouge blanc, grosse comme le soleil et brillante comme lui ! Au centre de cette nébuleuse, quatorze cent mille fois plus considérable que ce globe qu'elle va former un jour, je suis entraîné dans les espaces planétaires ! Mon corps se subtilise, se sublime à son tour et se mélange comme un atome impondérable à ces immenses vapeurs qui tracent dans l'infini leur orbite enflammée ! […] J'ai tout oublié, et le professeur, et le guide, et le radeau ! Une hallucination s'est emparée de mon esprit… »

Dès le début du roman, on se trouve bien, déjà, dans une dimension ésotérique en présence d'un message (cryptogramme runique) d'un alchimiste imaginaire du 16ᵉ siècle (Arne Saknussemm). Et ce message qui invite à le voyageur audacieux à descendre « *dans le cratère du Yocul de Snefels que l'ombre du Scataris vient caresser avant les calendes de juillet* » [102] pour parvenir « au centre de la Terre » nous rappelle la célèbre formule d'origine alchimique et des hermétistes du Moyen Âge et de la Renaissance « V.I.T.R.I.O.L. », que l'on retrouve dans diverses sociétés initiatiques formée des initiales de la phrase latine : « *Visita Interiorem Terrae Rectificando Invenies Operae Lapidem* », que l'on peut traduire par : « Descends dans les entrailles de la Terre, en distillant tu trouveras la pierre de l'« œuvre ».

Traditionnellement, cela renvoie à la loi d'un processus de transformation, concernant le retour de l'être au noyau le plus intime de la personne humaine… ce qui revient à dire : « descends au plus profond de toi-même et trouve le noyau insécable, sur lequel tu pourras bâtir une autre personnalité, et devenir un homme nouveau ».

Dans ce roman, comme pour l'essentiel des voyages extraordinaires il y a plusieurs dimensions, selon le moment de sa vie où on les découvre et les relit. C'est ce que décrit Julien Gracq : « il y a deux niveaux de lecture qui se superposent forcément quand on a lu Jules Verne enfant et qu'on le relit *dans l'âge mûr* […] *le premier niveau qui a été celui de la découverte, c'est la lecture, c'est une opération féérique, c'est une révélation continue, c'est une chose vierge qui se déroule devant vous et que vous absorbez au fur et à mesure, toujours happé par ce qui va suivre, ce sont Les Mille et*

---

[102] Id., p. 49

Une Nuits. C'est cela la lecture. [...] *Et puis* [...] *Il y a la littérature* [...] *C'est l'émotion esthétique plutôt que celle de la littérature qui inter-vient »*[103]. Il indique que pour lui, de ce point de vue il y a parfois des fai-blesses dans les textes de Jules Verne parce que, dit-il « Jules Verne est moins un artiste qu'un créateur et un ouvreur de routes »... même si natu-rellement la dimension artistique n'est pas absente.

Le rapprochement qu'établit Julien Gracq entre les romans de Jules Verne et la « féérie » *les Mille et Une Nuits* est fondé dans la mesure où ils répondent, pour la plupart d'entre eux, à la structure clas-sique du conte qui comporte en principe 5 éléments : 1. La situation initiale : présentation des personnages 2. Le problème : définition de la mission 3. L'action : les épreuves à affronter 4. La résolution du pro-blème : la victoire du héros 5. La situation finale : dénouement heu-reux, le plus souvent comme dans *le Voyage au centre de la terre*. (Ce dernier point n'est pas toujours avéré dans l'œuvre de Jules Verne, il y a aussi des éléments dystopiques[104]).

Au-delà, chez Jules Verne, comme je l'ai indiqué, il y a bien une dimension supplémentaire initiatique qui réside dans des épreuves qui donnent lieu à de fortes descriptions. Je rappellerai que le mot initia-tion [105] signifie : commencement, début. Dans la tradition ésotérique, l'initiation est une découverte symbolique, une introduction aux mys-tères, et dans l'étymologie grecque correspond à : « faire passer par la mort ». Dans tous les cas, il s'agit de débuter une nouvelle vie en accé-dant à de nouvelles connaissances. Le but de l'initiation [106] relève d'un processus, d'une démarche destinée à permettre de réaliser psy-chologiquement (voire spirituellement) le passage réputé inférieur de l'être à un niveau supérieur[107].

Nombreux sont ceux qui se sont interrogés sur l'appartenance de Jules Verne, romancier à la Franc-maçonnerie[108]. Rien, selon les archives du GODF notamment ou d'autres obédiences ne per-

---

[103] Julien Gracq, « l'art de la rencontre », in *conversations avec Jean Paul Dekiss*, Ed. Le Pommier 2013, p 13.

[104] Par exemple dans *les Indes noires*.

[105] *Du latin initium.*

[106] Comme les termes circonvoisins dans certaines sociétés d'Elévation ou d'exaltation...

[107] Cf. Serge Hutin. Voir aussi Mircea Eliade in *forgerons et alchimistes* : « *L'initiation correspond à l'éternelle nostalgie de l'homme qui cherche le sens positif de la Mort, qui accepte la Mort comme un rite de passage vers un mode d'être supérieur...».*

[108] Point de vue défendu notamment Michel Lamy : *Jules Verne, initié et initia-teur,* Paris, Payot, 1994.

met d'étayer cette hypothèse, même s'il y a, de fait dans ses romans, un certain nombre d'indices qui pourraient orienter la réflexion en ce sens.

Il a fréquenté les frères Reclus [109] et spécialement Elisée Reclus le grand géographe, libertaire et franc-maçon, auteur notamment de *La Terre : description des phénomènes de la vie du globe*[110], ou encore de *la nouvelle géographie universelle*[111]. Ces ouvrages et descriptions ont, indéniablement, inspiré Jules Verne pour les *voyages,* surtout ceux qui ont été écrits après 1875. Jules Verne a été l'ami de Jean Macé (fondateur de la Ligue de l'Enseignement), avec qui il a créé en 1864 [112] la revue « Le Magasin d'Éducation et de Récréation ».[113] Il convient de préciser qu'aux XVIIIe et XIXe siècles, notamment, il y avait une proximité plus ou moins forte entre les écrivains engagés, les artistes en général et la franc-maçonnerie.

---

[109] Dont Onésime Reclus, également géographe et « inventeur » du concept de francophonie.

[110] Hachette, 1868 1er volume et 1869 2ème volume.

[111] Ensemble de 19 volumes de 850 pages chacun en moyenne.

[112] La même année que la publication de *voyage au centre de la Terre* (hasard ?)

[113] Revue littéraire française, fruit de la collaboration entre l'éditeur Pierre-Jules Hetzel, Jules Verne et Jean Macé destinée à l'enfance et l'adolescence. La revue bimensuelle, au début, associe des auteurs célèbres : A. Dumas ou Hector Malot ... c'est dans cette revue que paraissent initialement un certain nombre de romans constitutifs des voyages extraordinaires.

BIBLIOGRAPHIE SÉLECTIVE

Angelier, François : *Dictionnaire Jules Verne : entourage, personnages, lieux, œuvres* Paris, Pygmalion, 2005

Barthes, Roland. *Mythologies.* Paris, Points Essais, 2001

Compère, Daniel : *Jules Verne écrivain*, Genève, Droz, 1991

Dekiss, Jean-Paul (dir. par) ; *Jules Verne. Le poète de la science.* Paris, Timée Éditions, 2005.

Dekiss, Jean-Paul : *Jules Verne aujourd'hui (Julien Gracq, Michel Serres, Regis Debray)*, Le Pommier, 2013

Dupuy, Lionel : Géographie et imaginaire géographique dans les *Voyages Extraordinaires* de Jules Verne : *Le Superbe Orénoque* (1898) thèse de Doctorat, Université de Pau et des Pays de l'Adour

Durand, Gilbert : *l'imagination symbolique*, Paris, PUF, 1964

Dusseau ‚Joëlle : *Jules Verne*, Paris, Perrin, 2005

Eliade, Mircea : *Aspects du mythe*, Paris, Gallimard, 1993 (réed.)

Eliade, Mircea : *Initiation, rites, sociétés secrètes. Naissances mystiques. Essais sur quelques types d'initiation*, Paris, Gallimard, « Folio », 1992

Moré, Marcel. *Le très curieux Jules Verne. Le problème du père dans les Voyages extraordinaires,* Paris, Gallimard, 2005 (réédition de l'ouvrage original de 1959).

Moré, Marcel : *Nouvelles explorations de Jules Verne*, Gallimard, 1963

Reffait, Christophe et Shaffner, Alain (dir. par) : *Jules Verne ou les inventions romanesques*, Encrage Université, 2007

Segalen, Martine : *Rites et rituels contemporains*, Paris, Nathan, 1998.

Serres, Michel : *Jouvences sur Jules Verne*, Paris, Editions de Minuit, 1974

Servier, Jean (dir. par) : *Dictionnaire critique de l'ésotérisme*, PUF, 1998

Soriano, Marc : *Le cas Verne*, Paris, J. Julliard, 1978

Todorov ‚Tsvétan : *théories du symbole*, Paris, Le Seuil, 1977

Turner, Victor W. : *Le phénomène rituel : structure et contre-structure : le rituel et le symbole : une clé pour comprendre la structure sociale et les phénomènes sociaux*, Paris, PUF, 1990

Vierne, Simone : *Jules Verne et le roman initiatique*, Paris, Les Editions du Sirac, 1973

Vierne, Simone : *Jules Verne, mythe ou modernité*, Paris, PUF, 1989

Gilles Menegaldo

007 — Gilles Menegaldo

Esotérisme, occultisme et fantastique dans l'œuvre de H.P. Lovecraft [114]

HP Lovecraft

La personnalité de Lovecraft est restée longtemps nimbée de mystère aux États-Unis comme en Europe et son œuvre a suscité des interprétations qui se sont effondrées avec la publication de sa volumineuse correspondance en cinq volumes, chez Arkham House, à partir de 1973. En France, Serge Hutin et Jacques Bergier, notamment, avaient émis l'idée d'une création lovecraftienne ésotérique, alors que l'auteur l'avait voulue purement fictionnelle et de nombreux exégètes, même parmi les plus sérieux, ont pu se livrer à des interprétations contestables. Plusieurs articles ont paru dans des revues universitaires, mais aussi et surtout, dans des revues d'amateur, ou fanzines. L'orientation générale de ces articles était similaire et portait sur les rapports entre l'œuvre de Lovecraft et un savoir ésotérique supposé. Ainsi, Serge Hutin a

---

[114] Ce texte est une version remaniée d'un article paru dans *H.P. Lovecraft, Fantastique, mythe et modernité* (Gilles Menegaldo, ed.), Paris, Dervy, 2002.

publié un texte au titre provocateur, visant à faire de Lovecraft une sorte d'initié.[115] De manière plus sérieuse, mais non moins tendancieuse, Jacques Bergier a contribué à répandre une certaine idée de l'homme et de son œuvre, idée déjà entretenue dans une période antérieure, notamment dans la mouvance surréaliste, avec Robert Benayoun et la revue *Medium*. Aux États-Unis, l'accès à la correspondance de Lovecraft étant facilité par l'édition de celle-ci, les critiques n'ont pu se livrer aux mêmes excès, mais un certain nombre de lecteurs ont pris au sérieux, au fil des décennies, une création qui se voulait purement fictionnelle.

La notion de secret tient une grande place dans l'œuvre de Lovecraft, mais elle sert à susciter des effets fantastiques dans un type de récit lié à l'interdit et au savoir transgressif. Ces secrets cachés au cœur des choses ne sont connus que des initiés et sont transmis par la tradition. Certains grimoires ou ouvrages interdits contiennent un savoir essentiel sur les origines et la manière d'agir sur le monde, d'où l'importance de la « bibliothèque imaginaire » et du motif du déchiffrement dans l'œuvre. Les héros lovecraftiens doivent décoder des signes révélant une vérité qui met en cause leurs certitudes ou leur identité dans des histoires qui adoptent souvent une structure de récit initiatique, un passage de l'innocence à l'expérience ou de la rationalité à l'acceptation de l'impensable.

Lovecraft a beaucoup lu dans le domaine de l'ésotérisme comme en témoignent sa correspondance et aussi ses œuvres, mais il se sert de ces références comme matériau au profit d'un projet esthétique qui repose, en bonne partie, soit sur le brouillage des signes, soit sur leur prolifération excessive, ce qui contribue à susciter des effets d'inquiétante étrangeté très efficaces. La réception critique de l'écrivain a été largement étudiée aux États-Unis par S.T. Joshi, et en France dans un long article de Michel Meurger[116] paru dans la revue *Etudes Lovecraftiennes*. L'auteur souligne à juste titre l'entreprise de mythification (voire de mystification) qui masque le sens réel de l'œuvre lovecraftienne et a contribué grandement à perpétuer l'image stéréotypée du « reclus de Providence », à savoir une sorte de prophète ou de grand-prêtre,

---

[115] « Lovecraft en savait-il trop sur les grands secrets magiques ? », *Karellen-Orion* (Reims), n° 6, 1962, p. 22-23.

[116] Michel Meurger, « Anticipation rétrograde : primitivisme et occultisme dans la réception lovecraftienne en France de 1953 à 1957 », Paris, *Etudes Lovecraftiennes* n° 3 et 4.

intermédiaire entre notre monde visible et une réalité alternative qui souvent coexiste avec la nôtre. Du même coup se trouve posé le problème des relations entre la fiction et un éventuel référent ésotérique dont elle se ferait l'écho.

L'ésotérisme est associé à l'idée de savoir réservé. Il s'agit d'enseignements tenus pour immémoriaux, transmis d'âge en âge par une chaîne de maîtres et de disciples. Ils constituent un ensemble cohérent et structuré formant un « édifice imposant de vérités fondamentales », pour l'acquisition desquelles l'ésotériste doit développer une connaissance intuitive supra-rationnelle et transcendante.

Cette description de *L'Encyclopedia Universalis* est assez réductrice. Antoine Faivre[117] met en évidence la complexité de la notion et note qu'en fait, ce terme recouvre plusieurs sens. Le premier, le plus simple, associe étroitement « ésotérisme » à « secret ». Il s'agit d'une discipline de l'arcane, d'un savoir limité à des initiés. Mais comme le précise Antoine Faivre, cette association présente l'inconvénient de laisser de côté de vastes domaines. Ainsi, des courants ésotériques tels que l'alchimie ou la théosophie se sont fait connaître à travers de nombreuses publications. On verra cependant la très grande importance, chez Lovecraft, de cette idée du secret, liée chez lui, à des fins d'efficacité fantastique, à celles d'interdit et de savoir transgressif.

Le deuxième sens dont Antoine Faivre repère l'usage correspond plutôt à l'idée qu'un secret serait caché au cœur des choses, dans une Nature en attente de déchiffrement par l'homme. Cette élucidation s'accompagne d'un cheminement intérieur. Certains textes de Lovecraft laissent entendre qu'il existe de tels secrets et qu'un savoir (dangereux) est détenu dans des livres ou des grimoires — généralement inaccessibles. En ce sens, le héros lovecraftien doit se faire l'interprète de signes laissés dans le paysage, les architectures ou les œuvres d'art. Il doit également assimiler, par l'expérience rituelle ou la lecture de textes appropriés, un type de savoir qui contribue, le plus souvent, à miner ses certitudes et remettre en cause son identité même, en favorisant son accès à d'autres plans de conscience (ou en mettant sa vie en péril).

---

[117] Voir, en particulier, son ouvrage, *Accès de l'ésotérisme occidental*, Paris, Gallimard, 1986, et son article « Comment écrire l'histoire des courants ésotériques occidentaux modernes ? », *Cahiers de Sciences religieuses*, nouvelle série, n°2, mai 1999, p. 4-21.

Ces deux premiers sens sont assez généraux et tendent à se confondre avec la notion d'initiation. Lovecraft met volontiers en scène, dans ses histoires, les parcours narratifs de la quête initiatique. Ainsi, dans le cycle de Kadath, le héros Randolph Carter découvre à l'issue d'un long périple onirique un certain nombre d'informations sur l'origine du monde, sa propre nature et sa relation au réel et à la mémoire.

Antoine Faivre propose une définition plus spécifique, ou plutôt une construction, un outil opératoire que d'autres historiens et critiques ont souvent repris par la suite. Il s'agit de qualifier d'« ésotériques » certains courants de pensée modernes (depuis la fin du quinzième siècle) qui, en Occident, présentent un air de famille, expriment une forme de pensée, laquelle met l'accent sur les idées de correspondances universelles, de Nature vivante et mystérieuse, d'imagination magique travaillant sur des symboles ou divers supports de médiation, enfin de transmutation (de l'homme, voire de la Nature elle-même). À ces quatre notions ou caractéristiques, note Faivre, les auteurs et courants ésotériques associent souvent celles de transmission et de concordance (ce dernier terme désignant généralement un besoin de rapprocher diverses traditions dans un esprit de syncrétisme). Il ne s'agit donc pas de se préoccuper de principes métaphysiques uniquement, mais aussi de la Nature concrète, de la cosmologie. Font partie de ces courants les trois sciences traditionnelles, alchimie, astrologie, magie, auxquelles il convient d'ajouter l'Hermétisme néo-alexandrin, le paracelsisme, la théosophie (de Jacob Boehme et de ses successeurs), la philosophie occulte, diverses formes de Kabbale occidentalisée, le rosicrucisme, ainsi qu'un certain nombre de sociétés initiatiques.

De tout ce corpus référentiel, Lovecraft ne retient que des aspects ponctuels, sous forme de références épisodiques à l'alchimie et surtout à la magie (noire plus que blanche, et en cela ses références se situent en marge de celles de l'ésotérisme ainsi compris. Il fait également des allusions à certaines organisations contemporaines ressortissant directement aux courants ésotériques *stricto sensu*, en particulier contemporains, comme la Société Théosophique telle qu'il la découvre dans les écrits d'Helena Petrowna Blavatsky.

Il faut aussi distinguer ésotérisme et occultisme, notions que Lovecraft tend parfois à confondre. On entend généralement par occultisme un ensemble de pratiques concrètes visant à mettre en application le principe des correspondances (partie constitutive de la forme de pensée ésotérique), par exemple les correspondances entre le microcosme et le macrocosme, la Nature et l'homme. Parmi ces pratiques, on peut citer en particulier les différentes « mancies » ou procédés de divination, mais aussi certaines formes de médecine occulte, et bien sûr les magies, noires ou blanches.[118]

Sans doute Lovecraft ne dispose-t-il que d'une connaissance relativement superficielle de ce champ du savoir, acquise surtout à travers des ouvrages de vulgarisation. Il ne retient que les aspects les plus évidents, les plus conventionnels de l'ésotérisme. D'une part, la notion de secret et de savoir interdit. D'autre part, l'emploi de motifs, de *topoï*, qui sont comme autant de clichés utilisés aussi bien dans le corpus référentiel de type ésotérique, que dans la littérature de fiction, comme le labyrinthe, le masque, l'abîme, les images de descente et d'élévation, la notion de rite et d'initiation. Il multiplie également les références à des pratiques relevant de l'occultisme (de préférence, celui de la magie noire), et met en scène des personnages animés d'un désir faustien de savoir et de pérennisation de l'être, comme le sorcier Joseph Curwen dans *Le cas de Charles Dexter Ward*. On verra cependant que ce savoir, pour des raisons d'ordre esthétique (afin de susciter l'horreur ou la terreur chez le lecteur), est presque toujours associé au mal, au démoniaque, à la corruption du corps et de l'âme. D'où les scènes d'invocation des esprits des morts, mais aussi, dans le cadre du propre univers mythologique de l'écrivain, d'évocation d'entités venues des profondeurs du cosmos et du temps.

La lecture de la correspondance de Lovecraft montre qu'il accorde peu de crédit aux savoirs ésotériques dispensés par les courants évoqués plus haut. Lui-même se définit, à maintes reprises, comme un matérialiste et un agnostique convaincu qui, de manière répétée, dénie à l'ésotérisme et à l'occultisme toute valeur cognitive [119] : « *I am indeed a true*

---

[118] *Accès de l'ésotérisme occidental, op.cit.*, p. 29.

[119] Il est évident qu'il s'agit là d'une position personnelle (et très réductrice) de Lovecraft qui identifie ce type de savoir à la superstition.

materialist so far as actual belief goes; with not a shred of credence in any form of supernaturalism — religion, spiritualism, transcendantalism, metempsychosis, or immortality »[120]. Qu'est-ce qui a pu inciter certains critiques à lire son œuvre dans une optique ésotérisante ?

Un certain nombre d'éléments ont contribué à susciter cette lecture et à la perpétuer. L'aura d'étrangeté qui a longtemps entouré la personne même de l'auteur n'est pas étrangère à ce processus. À cela viennent s'ajouter toutes les références qu'il fait à des sociétés secrètes réelles, comme la secte kurde des Yézidis, prétendument adorateurs de Satan dans *Horror at Red Hook* ; ou fictives, comme l'Ordre Esotérique de Dagon dans *The Shadow over Innsmouth,* et la secte « Starry Wisdom » dans *The Haunter of the Dark.* Ce ne sont là que quelques exemples.

Lovecraft renvoie aussi à la présence supposée de croyances et de pratiques qui affectent de nombreux pays. Ainsi, la description de rites de type Vaudou dans *The Call of Cthulhu* suggère l'existence de cultes similaires ayant la même origine dans d'autres pays, d'où l'idée de réseau et d'universalité du savoir occulte. Il évoque volontiers les sources de ce savoir, censé être contenu dans des livres magiques dont certains existent réellement. De plus, par la citation précise de formules, fragments de rituel, incantations diverses, l'écrivain laisse supposer une réelle connaissance en ce domaine. En outre, la thématique de la quête initiatique se retrouve de manière persistante : un homme, souvent jeune, est confronté à une série d'expériences et acquiert une nouvelle identité, comme le narrateur du *Cauchemar d'Innsmouth* qui reconnaît sa filiation avec des entités hybrides, mi-humaines, mi-batraciennes, mais parfois sombre dans la folie, incapable d'affronter une réalité perturbante ou le spectacle de l'altérité irréductible qui génère un sentiment de terreur proche du sublime ou la révulsion la plus profonde.

Dans *À la recherche de Kadath*, premier volet du cycle, cette quête est illustrée par toute une symbolique des nombres et des lieux (ce qui fait écho à la symbolique de la franc-maçonnerie). Le

---

[120] Lettre à Clark Ashton Smith du 9 octobre 1925, *Selected Letters*, Arkham House 1968, vol. 2, p. 27. « Je suis en fait un vrai matérialiste, en ce qui concerne mes croyances et je n'adhère à aucune forme de surnature — religion, spiritualisme, transcendentalisme, métempsycose, ou immortalité ». Traduction G. Menegaldo.

héros, Randolph Carter, doit descendre soixante-dix, puis sept cents marches pour atteindre les terres du rêve. Sa quête implique la traversée de nombreux lieux (gravir une montagne sacrée, le Mont N'Granek, où est gravée l'image d'un Dieu, descendre dans des abîmes, franchir des océans), la rencontre avec des êtres mystérieux, adjuvants ou opposants : prêtres masqués, marins interlopes, animaux, créatures monstrueuses, géantes (les gugs dont la mâchoire s'ouvre verticalement), rampantes (les Dholes) ou ailées (le shantak), divinités enfin. À la fin de ce parcours hérissé d'obstacles et qui s'apparente à un voyage initiatique, Carter parvient à la cité du soleil couchant, objet de son désir, mais celle-ci n'est en fait que la ville de son enfance, Providence, magnifiée par le souvenir et la nostalgie. Le héros rêveur évite les pièges des Dieux du dehors, en particulier Nyalarthotep, le « chaos rampant » qui à Kadath dans l'immensité froide lui tient sous les apparence d'un pharaon, un discours à la fois vrai et mensonger sur la nature de son expérience. Il échappe à la mort ou la folie en comprenant que ce qu'il vit n'est qu'un rêve. *Through the Gates of the Silver Key*, dernier volet du cycle, introduit de manière plus explicite le thème de la réincarnation à travers des figures de dépossession, de métamorphose et de transfiguration. Le personnage Carter devient l'entité Carter qui unit tous les Carters passés présents et à venir, y compris ses avatars non humains :

« There were Carters in settings belonging to every known and suspected age of Earth's history, and to remoter ages of earthly entity transcending knowledge, suspicion and credibility. « Carters » of forms both human and non-human, vertebrate and invertebrate, conscious and mindless, animal and vegetable. And more, there were « Carters » having nothing in common with earthly life, but moving outrageously amidst backgrounds of other planets and systems and galaxies and cosmic continua »[121].

Ici se fait assez nettement sentir nettement l'influence de E.

---

[121] « Through the Gates of the Silver Key », *At the Mountains of Madness and Other Novels*, Arkham House, Sauk City, 1985, p.438. " Des 'Carter', il en voyait à travers tous les siècles connus ou présumés de l'histoire de la Terre, et à des âges plus reculés de l'entité terrestre dépassant toute connaissance, toute intuition et toute vraisemblance ; des 'Carter', de forme à la fois humaine et non-humaine, vertébrée et invertébrée, animale et végétale, douée de conscience et privée de conscience, et même des 'Carter' n'ayant rien de commun avec la vie terrestre mais se mouvant contre toute les règles de la raison, sur des arrière-plans de planètes, de galaxies et de systèmes appartenant à d'autres continuums cosmiques ". *Lovecraft*, Robert Laffont, (Bouquins), vol. 3, p.176.

Hoffmann Price, collaborateur de Lovecraft pour ce dernier volet, et davantage versé que lui dans la littérature proprement ésotérique, mais aussi les mathématiques.

Enfin et peut-être surtout, Lovecraft pose comme fondement de son monde fictionnel un système théogonique fortement hiérarchisé : c'est la célèbre « mythologie » de Cthulhu, maintes fois analysée par la critique, et qui constitue, par ajouts successifs, ce qu'on a pu appeler un mythe moderne[122] qui offre une conception originale et matérialiste de la divinité, et propose une analyse des mécanismes de création et de propagation d'un mythe. Lovecraft emprunte beaucoup aux religions et aux mythes classiques et fait souvent référence à l'Égypte ancienne, à la Grèce, à l'Amérique précolombienne ou à des mythes anciens remis au goût du jour à son époque, en raison des découvertes archéologiques, tels l'Atlantide, l'Hyperborée, la Lémurie ou le continent Mû. Il est également inspiré par des œuvres littéraires antérieures, notamment celle de son maître, l'écrivain anglo-irlandais Lord Dunsany, également créateur d'une théogonie fantastique et onirique, mais aussi celle d'Arthur Machen, auteur gallois membre pour un temps de la Golden Dawn.

Certains critiques, spécialistes de questions relevant plus ou moins de l'ésotérisme, comme Kenneth Grant[123], ont tenté d'établir des liens entre la mythologie de Lovecraft et celle d'Aleister Crowley, l'un des membres les plus notables de la Golden Dawn. On trouve en effet certaines similitudes au niveau onomastique : ainsi le livre de la Loi, chez Crowley *Al Vel Legis*, évoque un peu le nom arabe, Al Azif, du célèbre ouvrage fictionnel de Lovecraft, le *Necronomicon*. D'autre part, l'une des formules récurrentes[124] des rituels de la Golden Dawn : « The Great Ones of the Night of Time » n'est pas sans rappeler les entités cosmiques que Lovecraft baptise « Great Old Ones ». La même référence à l'espace désertique (« waste ») est utilisée par les deux écrivains. Lovecraft parle de la ville de Kadath située dans « l'immensité froide » (« cold

---

[122] Il convient cependant de nuancer ce jugement. Voir mon article « H.P. Lovecraft : archaïsme et modernité, un univers de tension », *Europe* n° 707, *Le Fantastique Americain,* mars 1988.

[123] Kenneth Grant, *The Magic Revival*, London, Frederick Muller Ltd, 1972. Voir en particulier le chapitre 6, « Barbarous Names of Evocation ».

[124] Selon Kenneth Grant, *op. cit.*, p.115.

Waste »), Crowley s'attribue le nom de Hadith, « The Wanderer of the Waste » (« Celui qui erre dans le désert »). On trouve enfin chez notre auteur de nombreuses références à l'invocation d'esprits ou d'entités, en particulier dans « *The Case of Charles Dexter Ward* » et *The Dunwich Horror*. Les noms et formules utilisés rappellent les « barbarous names of evocation » des rituels de Crowley. Ainsi le Yog-Sothoth de Lovecraft est voisin de Sut-Thoth, Nyarlathotep, « the Faceless One », évoque « the Headless One », entité invoquée par Crowley. Ces quelques éléments textuels paraissent cependant trop minces pour justifier une quelconque parenté de vision entre les deux écrivains, d'autant que Lovecraft, qui n'hésite pas à donner ses sources, fait très rarement référence à Crowley[125] dans sa correspondance.

Plus significatives sont, à première vue, les allusions à la théosophie d'Helena Petrowna Blavatsky. Dans l'œuvre elle-même, ce nom apparaît assez souvent comme source d'un savoir occulte dangereux et « maudit », ce qui en soi est déjà une interprétation fictionnelle, très dramatisée (et gauchie) de la littérature et des enseignements de la Société Théosophique. De plus, le nom de Blavatsky est cité en même temps que celui d'autres auteurs ésotéristes ou occultistes réels (John Dee, Arthur Edward Waite) ou imaginaires, mais en fait Lovecraft ne renvoie jamais aux œuvres mêmes, *Isis Unveiled* (1877) ou *The Secret Doctrine* (1888-97). En revanche, d'autres noms d'auteurs et d'œuvres relevant du courant théosophique sont cités, notamment W. Scott-Elliot, auteur d'une étude sur l'Atlantide : *The Story of Atlantis and the Lost Lemuria* (1925), sans cependant qu'aucune idée précise du contenu des dits ouvrages soit donnée.

En fait, la référence la plus constante et la plus explicite concerne les *Stances de Dzyan* (*The Book of Dzyan*), un des fondements de l'enseignement de la Société Théosophique, et dont les livres de Mme Blavatsky ne seraient qu'un long commentaire. Ce livre mythique a pu séduire Lovecraft par ses origines multiples alléguées — et controversées. Certains auteurs, comme René Guénon, le relient à des textes sacrés du Tibet. D'autres, comme Gershom G. Sholem, attribuent son origine à un texte cabalis-

---

[125] J'ai trouvé en fait une seule référence dans une lettre à Emil Petaja du 6 mars 1935. Il y parle de « the rather over-advertised Aleister Crowley » (Cet Aleister Crowley dont on parle beaucoup trop) et suggère que Crowley a pu servir de modèle pour le « méchant » de *He Cometh and He Passeth By* de H. R. Wakefield. Voir *Selected Letters*, Vol 5, p. 120.

tique, le *Sifra Di-Tseniuta*[126] traduit par Mme Blavatsky sous le titre *Sifra Dzeniuta*, assez proche de « Dzyan ». *The Book of Dzyan* est cité à plusieurs reprises par Lovecraft, notamment dans *The Haunter of the Dark* et dans *The Whisperer in Darkness*, ainsi que dans certaines révisions[127] (*The Diary of Alonzo Typer*). Tout se passe comme si Lovecraft en faisait une source possible de sa fiction, crédibilisant par là même sa propre création mythique. Cette impression d'authenticité est renforcée par d'autres allusions disséminées dans l'œuvre, en particulier la référence implicite aux maîtres secrets de Shamballah, cité perdue des Lémuriens. Le nom lui-même n'est pas mentionné, mais dans *The Call of Cthulhu* on évoque « the undying leaders of the Cthulhu cult in the mountains of China », juste avant un commentaire sur les spéculations des auteurs de la Société Théosophique. De plus, de nombreuses allusions au plateau tibétain de Leng viennent s'ajouter au fil des récits. En outre, certaines thématiques des théosophes sont reprises par Lovecraft et intégrées dans son œuvre, ainsi le transfert de conscience. Les premiers guides de l'humanité seraient, selon W. Scott Elliot, les Vénusiens, qui occupent psychiquement les corps des humains. Lovecraft développe cette notion de projection psychique dans deux récits importants, « The Whisperer in Darkness » et « The Shadow out of Time », mais avant même de connaître les théosophes, il avait déjà anticipé ce thème dans *Beyond the Wall of Sleep*. La corrélation avec la théosophie est enfin établie explicitement dans *The Shadow Out of Time* : « *A few of the myths had significant connections with other cloudy legends of the prehuman world, especially those Hindu Tales involving stupefying gulfs of time and forming part of the lore of modern theosophists* »[128].

---

[126] Je suis redevable pour ces sources à un article de Robert Price : « Lovecraft's Use of Theosophy » publié dans un fanzine consacré à Lovecraft, *Crypt of Cthulhu,* vol. 1 n° 5, 1982.

[127] Textes souvent médiocres dans leur première version et complétement réécrits par Lovecraft qui faisait office de « ghost writer » (« nègre ») pour de nombreux écrivains dont Harry Houdini, le célèbre contorsionniste.

[128] « The Shadow out of Time », *The Dunwich Horror and Others,* Arkham House, Sauk City, Wisconsin, 1963, p. 385-386. « Quelques mythes se rattachaient de manière significative à d'autres légendes obscures du monde préhumain, en particulier ces contes hindous qui englobent de stupéfiants abîmes de temps et font partie de le tradition des théosophes actuels. », *Lovecraft,* vol.1, (Bouquins), Robert Laffont, p. 531.

D'autres thèmes ou concepts relevant des vues de la Société Théosophique sont également à signaler. Ainsi, les références constantes à l'architecture cyclopéenne rappellent les thèses des théosophes sur l'occupation de la terre par des races de géants, de même les allusions à l'« aura » et au double astral sont implicites dans certains textes.

Lovecraft peut-il, en conséquence, être considéré comme un zélote et un prosélyte de la mouvance blavatskienne ? C'est peu probable. Ces allusions sont ponctuelles et souvent noyées dans d'autres références et les préoccupations sur les races et continents disparus, la conception cyclique de l'histoire humaine, sont dans l'air du temps et n'appartiennent pas en propre à la littérature de la Société Théosophique. De plus, la vision du monde transmise par les œuvres de Lovecraft est aux antipodes de la conception globalement optimiste propre à la mouvance blavatskienne. Pour celle-ci, en effet, l'homme va vers un progrès spirituel, aidé par les « maîtres mystiques ». Dans les œuvres de Lovecraft, l'homme est une création hasardeuse dominée par des races extra-terrestres et il est destiné à être remplacé par d'autres races non humaines, notamment les insectes ou même des entités semi-végétales. Il n'est qu'un accident, un épiphénomène négligeable à l'échelon cosmique. Cette conception ironique, indifférente au destin humain est fort loin des théories de Mme Blavatsky. De plus, Lovecraft est hanté par l'idée de dégénérescence, de régression biologique et psychique et ne croit guère à la capacité d'amélioration spirituelle de l'individu et encore moins à la survie de l'âme sous quelque forme que ce soit.

La correspondance de l'écrivain dénote une distance assez nette par rapport à ces théosophes modernes et à leur credo. Ainsi, la lettre à C.A. Smith dans laquelle Lovecraft parle pour la première fois de la S. T. montre bien cette défiance : « *I've been digesting something of vast interest as background or source material [...] ie the Atlantis Lemuria Tales, as developed by modern occultists and theosophical charlatans* »[129]. *Il se montre encore plus incisif, sur le plan des idées cette fois, dans une lettre ultérieure à Willis Conover :* « *The crap of the theosophists, which falls into the class of conscious fakery, is interesting in spots* »[130].

---

[129] Lettre à C.A. Smith, *Selected Letters,* vol II p. 58. « J'ai lu une documentation qui présente un grand intérêt en tant que toile de fond ou source [...] soit les récit concernant l'Atlantide et la Lémurie présentés par les occultistes modernes et ces charlatants de théosophes. » Trad. G. Menegaldo.

[130] Lettre à Willis Conover, in *Lovecraft at Last,* Carrollton Clark, New York, 1975, p. 33. « Les élucubrations des théosophes qui tombent dans la catégorie de la tromperie délibérée présentent, ici et là, quelque intérêt. » Trad. G. Menegaldo.

En tout état de cause, sa connaissance en la matière reste très limitée et lacunaire, ainsi qu'en témoignent d'autres lettres, notamment celle à E. Hoffmann Price à propos du mythe de Shamballah : « *I am tempted to overwhelm you with questions as to the source, provenance, general bearings, and bibliography of all this unkown legendry. Where did you find it ? How can one get hold of it ? What nation or region developed it ?* » [131]

Ces extraits de correspondance établissent clairement que Lovecraft considère la littérature de la Société Théosophique comme un matériau fictionnel et rien de plus. Aucune lettre ou document ne viennent appuyer l'hypothèse d'une adhésion philosophique aux vues de Mme Blavatsky et de ses disciples. Tout porte à croire qu'il en est de même pour les savoirs dispensés par les autres courants et ordres de type ésotérique. Lovecraft semble les considérer comme les dispensateurs d'un pseudo-savoir, comme l'héritage encombrant (avec la religion) d'un passé archaïque. Là encore les jugements lapidaires abondent dans la correspondance. Ainsi, en dépit de certaines notions récurrentes, de certains parallélismes en termes de *topoï* symboliques, en dépit même d'une sorte de conception théogonique globale, il semble difficile de justifier une quelconque lecture ésotérisante au sens où ce terme est défini plus haut[132].

Qu'en est-il de la franc-maçonnerie ? L'idée selon laquelle Lovecraft aurait eu des liens avec la franc-maçonnerie n'est pas avérée. On sait seulement que son grand-père Whipple Phillips, homme fortuné et érudit, disposant d'une grande bibliothèque était un franc-maçon actif, membre fondateur de l'Ionic Lodge N° 28, sise à Greene, Rhode Island en 1870. Lovecraft aurait sans doute pu trouver dans cette bibliothèque des ouvrages sur la franc-maçonnerie, mais on ne trouve aucune trace de ces lectures dans ses lettres pourtant très détaillées à ses divers correspondants, souvent des écrivains. La figure du grand-père est par contre évoquée toujours de manière positive dans la correspondance et implicite-

---

[131] Lettre à E. Hoffmann Price in *Selected Letters,* vol. IV, p. 153. « Je suis tenté de vous assaillir de questions concernant les sources, la provenance, les caractéristiques générales ainsi que la bibliographie de toutes ces légendes inconnues. Où avez-vous trouvé ces documents? Comment se les procurer? Quelle nation ou contrée ont développé ces croyances ? ». Traduction G. Menegaldo.

[132] En ce qui concerne l'alchimie, plusieurs études pertinentes ont été publiées à propos d'Edgar Poe, notamment par Barton Levi Saint-Armand, qui est également spécialiste de Lovecraft, mais rien n'a pu être prouvé en ce qui concerne ce dernier. Signalons cependant la communication de Paul-Georges Sansonnetti, « Les maisons Athanor », faite au colloque de Cerisy intitulé *La littérature fantastique* en août 1989. Les Actes de ce colloque ont été publiés en 1991 aux Editions Albin Michel dans la collection Cahiers de l'Hermétisme.

ment, par personnage interposé dans certains récits comme dans *The Silver Key*. Dans l'œuvre à la mouvance blavatskienne même, les références à la franc-maçonnerie sont très rares. La plus explicite se trouve dans *Le Cauchemar d'Innsmouth* où l'Ordre Ésotérique de Dagon, une société secrète qui favorise les relations entre les habitants de la ville et les « Deep Ones », les êtres des profondeurs, s'installe dans l'ancien temple maçon : « [...] *it soon came to be the greatest influence in the town, replacing Freemasonry altogether and taking up headquarters in the old Masonic hall On New Church Green* ».[133] Plus loin dans le texte, l'ordre de Dagon est décrit comme un « culte dégradé ».

Par contre, on retrouve dans divers récits des éléments symboliques qui peuvent évoquer la franc-maçonnerie, mais ce sont souvent en fait des symboles universels dans plusieurs religions. La dimension initiatique dans de nombreux récits peut évoquer certains aspects du rituel maçonnique. Ainsi, dans le cycle de Kadath, par ailleurs inspiré des *Voyages de Sinbad*, on retrouve la notion de catabase qui figure dans certains degrés initiatiques maçons, et le motif récurrent de l'escalier. On peut noter aussi l'importance du chiffre 7. Carter descend d'abord les 70 marches qui mènent au sommeil léger, puis les 700 marches qui conduisent au sommeil profond. Dans un récit plus tardif, *At the Mountains of Madness*, l'accent est mis sur l'architecture, en particulier dans la description de la ville engloutie dans les glaces du Pôle. On remarque aussi l'omniprésence du chiffre 5 et/ou de l'étoile (une quinzaine d'occurrences). Les formes géométriques (cubes, cylindres, colonnes) prolifèrent et le narrateur insiste sur la notion de symétrie et la perfection architecturale :

« *The technique, we soon saw, was mature, accomplished, and aesthetically evolved to the highest degree of civilized mastery, though utterly alien in every detail to any known art tradition of the human race. In delicacy of execution no sculpture I have ever seen could approach it. The minutest details of elaborate vegetation, or of animal life, were rendered with astonishing vividness despite the bold scale of the carvings ; whilst the conventional designs were marvels of skillful intricacy. The arabesques displayed a profound use of mathematical principles, and were made up of obscurely symmetrical curves and angles based on the quantity of five* ».[134]

---

133 « Le Cauchemar d'Insmouth », *The Dunwich Horror and Others*, Arkham House, Sauk City, Wisconsin, 1963, p. 312-313.

134 « At the Mountains of Madness », *At the Mountains of Madness and Other Novels*, Arkham House, Sauk City, 1985, p. 56.

Mais, contrairement à la symbolique maçonne qui conduit à la lumière de l'initiation, la quête du héros lovecraftien débouche sur une révélation qui le met face à l'Autre monstrueux et le condamne à la folie. Il y a certes une descente vers la connaissance (à la manière vernienne), mais l'épouvante l'emporte sur le merveilleux. Le secret se dévoile en révélant le passé vertigineux de la terre et le rôle joué par des entités supérieures venues du cosmos dont l'histoire est racontée sur les fresques et bas-reliefs, mais au lieu du Grand Architecte[135], les explorateurs ne trouvent, à la fin de leur parcours, que des créatures monstrueuses (les shoggoths), simples masses protoplasmiques qui se sont autonomisées et sont toujours présentes dans les profondeurs de la terre. Lovecraft met plutôt en relief un « indifférentisme cosmique » et une relativisation de la position de l'être humain, très éloignés de la vision du monde maçonnique. La présence de signes qui renvoient à la symbolique maçonnique ne traduit en aucun cas, une proximité avec l'Ordre, mais s'explique plutôt par le caractère universel de ces symboles. Ainsi dans l'extrait ci-dessous de « *The Shadow out of Time* », on notera des analogies avec certains passages des rituels des 13e et 14e degrés :

« *Probably I shrieked aloud then. I have a dim picture of myself as flying through the hellish basalt vault of the elder things, and hearing that damnable alien sound piping up from the open, unguarded door of limitless nether blacknesses. There was a wind, too—not merely a cool, damp draught, but a violent, purposeful blast belching savagely and frigidly from that abominable gulf whence the obscene whistling came. [....]. My wavering torch was growing feeble, but I could tell by some obscure memory when I neared the cleft. The chill blasts of wind and the nauseous whistling shrieks behind me were for the moment like a merciful opiate, dulling my imagination to the horror of the yawning gulf ahead* »[136]

On retrouve l'idée déjà évoquée de verticalité, de descente par paliers avec des révélations graduelles, le motif de l'ouverture de la porte avec la présence d'un vent violent et le retour à la surface, mais il est difficile d'en conclure une volonté explicite de

---

135 Je remercie Lauric Guillaud de m'avoir signalé la présence de symboles évoquant les rituels maçonniques dans les extraits cités.

136 « The Shadow out of Time », *The Dunwich Horror and Others, op. cit.*, p. 430.

Lovecraft d'avoir recours à une symbolique de type maçonnique. Dans les récits fantastiques, la verticalité joue souvent un rôle essentiel, le motif de la porte comme seuil entre deux mondes est récurrent. Le vent est aussi un élément atmosphérique fréquent, souvent associé à une forme d'intervention de la surnature, à la figure diabolique ou à l'apparition spectrale.

C'est donc bien en tant que métadiscours, instrument au service de la production fictionnelle, qu'il convient d'étudier le fonctionnement et la signification de ces diverses références ésotériques ou occultistes, qui sont dans l'air du temps et dont Lovecraft s'empare à des fins purement littéraires pour susciter auprès du lecteur ce qui'il appelle le « *sense of wonder* ».

Le discours ésotérisant, tel qu'il apparaît dans l'œuvre, se présente comme hétérogène, composite. En dehors des quelques thèmes récurrents signalés, il est en effet difficile d'établir des relations entre les sources supposées du savoir et les différentes manifestations (d'êtres ou d'entités surnaturelles) témoignant d'un autre ordre de l'univers. Lovecraft mélange constamment et sciemment plusieurs sortes de références livresques : ouvrages authentiques, ouvrages imaginaires d'auteur existant ou ayant existé[137], et ouvrages fictifs d'auteurs fictifs. Tous ces textes sont au demeurant considérés globalement comme maléfiques et dangereux, même si cela n'est pas nécessairement le cas pour ce qui concerne les ouvrages réels : ainsi, Lovecraft parle des « pages interdites » d'Eliphas Levi, laissant supposer une face cachée et inconnue de l'œuvre de cet auteur.

Dans ses récits, il amalgame des éléments de folklore, des bribes de savoir, des formules magiques appartenant à différentes cultures et différentes époques : ainsi associe-t-il rites vaudous, vampirisme et sorcellerie. La sorcière de *The Dreams in the Witch House* est repoussée par un crucifix, ce qui évoque plutôt le folklore vampirique. Dans *The Horror at Red Hook*, l'incantation magique[138] fait référence à des éléments incompatibles, notam-

---

137 Ainsi l'ouvrage attribué à Borellus existe en effet, mais son auteur est Cotton Mathers et il s'agit de *Magnalia Christi Americana* publié en 1702. Lovecraft emprunte un passage entier qu'il déréalise en l'attribuant à un auteur dont le nom a des connotations archaïques, médiévales, et est sans doute moins connu du public américain.

138 Lovecraft y consacre en 1929 un court commentaire. Ce texte, intitulé « L'incantation de Red Hook » est publié en français dans la collection Bouquins, *op. cit.* (vol. III, p. 1192-1196).

ment les « sephiroth » qui représentent les dix cercles de l'arbre séfirothique de la Kabbale et n'ont rien du tout à voir avec une secte satanique. Le sorcier Curwen, dans *The Case of Charles Dexter Ward*, invoque « Metraton » (alors qu'il s'agit de Metatron) pour se livrer à des opérations de magie noire, notamment de contact avec les esprits d'hommes célèbres.

Ce discours ésotérisant est fragmentaire, discontinu, ponctuel. En dehors de quelques extraits du plus célèbre des livres imaginaires de Lovecraft, le *Necronomicon* (pour l'auteur fictif — « l'arabe fou » Abdul Al Hazred — duquel il a même écrit une biographie), et de quelques brèves citations empruntées le plus souvent à des ouvrages de vulgarisation[139], le lecteur n'a guère la possibilité de s'informer sur la littérature des courants ésotériques. Les descriptions de rituels sont tout aussi lacunaires et n'ont qu'une fonction dramatique et esthétique.

À l'intérieur même de la création mythique, l'instabilité domine. En ce qui concerne les lieux, Lovecraft confond à dessein le niveau réel, le niveau fictionnel et le niveau onirique : la ville d'Arkham, lieu toutes les transgressions, est aussi crédible que la vraie Providence, car elle lui emprunte ses attributs essentiels. On ne sait si le plateau de Leng, point d'origine des différents cultes maudits et lieu d'émergence des entités préhumaines, se situe dans la réalité, dans le mythe ou seulement dans le monde des rêves. Le sens et la finalité des livres sont tout aussi fluctuants. Ainsi le *Necronomicon*, caractérisé comme livre interdit, blasphématoire, mais en même temps instrument indispensable pour tout étudiant de l'occulte, devient, dans *At the Mountains of Madness*, un ouvrage de mise en garde, et son auteur perd son aura maléfique, mais aussi son savoir supposé qui se révèle erroné. Les formules magiques ne sont plus opératoires.

La cohérence du système théogonique est tout aussi problématique. Outre le mélange déjà signalé entre « réel », fictionnel et onirique (Dagon, Hydra et Nodens, dieux authentiques voisinent avec Cthulhu et Nyarlathotep), les dieux changent d'identité et de statut.

---

[139] En particulier l'article « Magie » de la *Britannica, An Encyclopedia of Occultism* de Lewis Spence, et *The Romance of Sorcery* de Sax Rohmer (Arthur Sarsville Ward). Lovecraft a également lu et exploité *The Golden Bough (Le rameau d'or)* de James G. Frazer, les ouvrages de A.E. Waite, d'Eliphas Levi et le livre de Margaret Murray, *The Witch Cult in Western Europe* publié en 1921.

Ils passent, au fil des récits, du domaine irrationnel échappant aux modes humains d'investigation, au domaine rationnel où une approche quasi scientifique de leur nature devient possible. La théologie et la magie cèdent la place à l'anthropologie et la biologie dans *At the Mountains of Madness*. Ainsi, il baptise « Old Ones » aussi bien les dieux du cycle de Kadath que les créatures préhumaines de récits plus tardifs : les êtres en forme d'étoile de *At the Mountains of Madness*, ou encore les dieux primordiaux — « Great old Ones » — que sont Cthulhu et Azathoth. Ce dernier, dont l'étymologie indique déjà l'ambivalence (« Thoth » le Dieu égyptien des morts, « Azazel », référence à la démonologie chrétienne et peut être aussi « Azoth », référence au gaz élémentaire), est un bon exemple de l'identité fluctuante des dieux. D'où la diversité des périphrases qui décrivent la divinité. Dans *The Haunter of the Dark*, Azathoth apparaît comme : « The blind idiot god Azathoth, Lord of All things, encircled by his flopping horde of mindless and amorphous dancers » [140]. Dans un texte de la même époque, *The Whisperer in Darkness,* les formules utilisées révèlent le changement de perspective et suggèrent même une interprétation rationalisante : « *The monstrous nuclear chaos beyond angled space whom the Necronomicon had mercifully cloaked under the name of Azathoth.* » [141]. Le nom devient masque d'une réalité autre et impensable.

Enfin, le métadiscours ésotérique est le plus souvent associé à d'autres métadiscours, notamment le discours scientifique ou pseudo-scientifique, ce qui lui confère une autre signification. Les tenants du « réalisme fantastique » penseraient sans doute que la coexistence de ces deux discours constitue une preuve supplémentaire de la validité de leur théorie ou interprétation. Ils invoqueraient alors la caution de la science objective. En fait, si Lovecraft fait preuve d'une connaissance satisfaisante de certains aspects du discours scientifique (notamment de la biologie dans *At the Mountains of Madness*), l'association qu'il propose avec le discours ésotérique est le plus souvent de caractère esthétique,

---

[140] « The Haunter of the Dark », *The Dunwich Horror and Others,* Arkham House, 1963, p.110. « Dieu aveugle et idiot, entouré de sa horde affalée de danseurs amorphes et sans esprit ». *Lovecraft*, (Bouquins), vol. I, p. 591).

[141] « The Whisperer in Darkness », *op. cit.*, p. 256. « [...] monstrueux chaos nucléaire au-delà de l'espace biaisé que le *Necronomicon* voile charitablement sous le nom d'Azathoth. », *Lovecraft*, (Bouquins), *ibid.*, p. 303.

poétique et non didactique. Ainsi, dans *The Dreams in the Witch House*, la référence aux mathématiques supérieures et à la quatrième dimension permet à Lovecraft de renouveler jusqu'à un certain point le thème de la sorcellerie et donne lieu à des descriptions très lyriques d'un hyperespace onirisé, mais il est évident que les différents concepts évoqués par l'auteur sont purement fictionnels et sans fondement scientifique.

Ces remarques s'appliqueraient aussi bien à d'autres récits, notamment *The Whisperer in Darkness*, où le discours scientifique est imaginaire, sans le moindre élément spéculatif (le transfert cosmique des entités dans les conditions décrites est hautement improbable, même si l'appareillage est détaillé sur le plan technique). Au demeurant, si dans cette nouvelle les éléments « ésotérisants » abondent, ils ne sont justifiés que par la superstition des populations incapables d'interpréter autrement que par des rituels un phénomène qui les dépasse. Lovecraft prend soin d'associer les légendes « actuelles » à des légendes indiennes, crédibles sinon authentiques, ancrant ainsi son mythe dans l'épaisseur de l'histoire du continent américain. À ce niveau, les lieux lovecraftiens apparaissent comme des palimpsestes où le héros (en) quêteur doit découvrir les signes (vestiges ou reliques) de la présence des anciens cultes. Toutes ces caractéristiques montrent qu'il ne prend aucunement au sérieux les références ésotériques et ne se donne pas la peine de proposer, même au plan fictionnel, un système cohérent de pensée. Son propos est ailleurs, et bien plutôt, à mon sens, directement associé à la fantasticité de l'œuvre. L'effet fantastique est produit par la combinaison de deux procédés : d'une part, le brouillage des signifiants, d'autre part, la prolifération, le débordement du signifiant pour compenser un signifié absent. L'excès de représentation masque l'absence de référent.

Les allusions constantes à des lieux, des personnages, des livres, les citations intratextuelles, constituent un réseau autoréférentiel implicite qui suppose une réalité extratextuelle. Le fait que nous lecteurs retrouvions de texte en texte les mêmes divinités ou entités, les mêmes rituels ou des rituels similaires dans différentes régions du globe, contribue à couvrir la fiction d'un voile d'authenticité. La multiplication des cautions extradiégétiques, la référence fréquente à des événements réels (la découverte de Pluton, les expéditions au pôle, la dérive des continents, etc.), la pratique de l'analogie et de l'amalgame, les renvois implicites ou explicites au supposé savoir du lecteur (l'Atlantide, Mu, la Kabbale), amènent celui-ci à la « suspension of disbelief » nécessaire à l'émergence de l'effet fantastique.

En même temps, ce système autoréférentiel est suffisamment flou et brouillé, voire contradictoire, pour que tout repérage reste problématique. À ce niveau, on peut étudier plus spécifiquement la manière dont Lovecraft masque le vide du signifié et l'absence de référent, si nous prenons comme exemple la bibliothèque imaginaire, réceptacle du savoir occulte, accumulé depuis le commencement du monde.

Il use d'un système d'écrans, de miroirs qui renvoient l'un à l'autre et qui posent le problème de la relation entre livre et savoir. La plupart du temps, les références aux textes « maudits » ne contiennent rien de plus que le titre. Elles semblent avoir fonction de signe, d'avertisseur, d'embrayeur du fantastique pour le lecteur. Différents procédés sont utilisés : la nomination pure qui ne dit rien sur le livre est le procédé le plus fréquent, renforcé de plus par l'effet de liste, le texte faisant référence à toute une série d'ouvrages, mélangeant, nous l'avons vu, l'imaginaire et l'authentique. Un second procédé de brouillage consiste à cacher le sens, à refuser de dévoiler le contenu par l'adjonction, au titre, de connotations négatives. D'aventure, l'auteur cite le livre, mais nie sa réalité en le considérant comme pure légende. L'adjectivation joue un rôle particulier en suscitant l'intérêt du lecteur. Le *Necronomicon* est un ouvrage « oublié », écrit par un « arabe fou ». Des adjectifs négatifs lui sont accolés : « monstrous », « hideous », « dreaded », « forbidden », « abhorred ». Cette adjectivation excessive tient lieu de contenu. Le texte lui-même fait écran, marque de la réticence vis-à-vis du savoir occulte qu'il est censé détenir : d'où l'abondance des « hints », « whispers » (allusions, chuchotements) qui dénotent ce refus, cette réticence. L'attitude de l'auteur supposé, telle qu'elle est décrite, traduit aussi et renforce la charge émotionnelle liée à l'ouvrage : « The mad author of the *Necronomicon* had nervously tried to swear » ou « even the mad author was reluctant to discuss ».

Un autre procédé est celui de la citation en abyme, laquelle ne contient aucun élément d'information, ne fait que renvoyer à un autre livre qui lui-même renvoie à une autre source, etc. L'auteur nous ramène ainsi vers une période de plus en plus reculée, vers une métahistoire où mythe et réalité se confondent : « [...] the rhythms of the Great Ones as set forth in Scrolls older than the *Pnakotic Manuscripts* « (« les rythmes des Grands anciens décrits dans des parchemins plus vieux que les *Manuscrits Pnakotiques* »). Même après avoir franchi tous les obstacles, on ne peut avoir accès qu'à une traduction du texte, donc à une version dégradée, infidèle à l'original. Celui-ci est presque toujours absent. L'auteur dresse un système d'écrans qui voile la vérité et augmente la teneur mythique du texte, en raison de ce caractère inaccessible, mais prometteur du savoir. Le texte codé, le cryptogramme marquent un degré d'occultation supplémentaire. Le déchiffrement est alors une étape nécessaire sur le chemin de la révélation. Mais Lovecraft n'éprouve pas la fascination d'un Edgar Allan Poe pour le cryptogramme. Il n'est pour lui qu'un instrument. Seule compte sa fonction d'écran par rapport au savoir primordial. Le mystère est parfois accentué par la référence à un texte dans le texte : ainsi en est-il des annotations étranges, inscrites dans une langue inconnue, que le héros de « The Shadow out of Time » découvre en marge des textes sacrés, des annotations dont la source n'est pas humaine : « *I was greatly disturbed by certain marginal notations and ostensible corrections of the hideous text in a script and idiom which somehow seemed oddly unhuman.* » [142]

Un dernier procédé est celui de la réduction de l'ouvrage à un fragment. Le texte est déchiré, brûlé : il n'en reste que quelques pages indéchiffrables et il se dérobe ainsi à l'investigation. Ainsi les *Manuscrits Pnakotiques* sont des fragments d'un autre ouvrage, *Le Livre d'Eibon*, lui aussi dépositaire d'un savoir archaïque. Le livre s'identifie alors à l'origine perdue. Il n'existe plus que par son absence, se trouve rejeté dans le monde des légendes, mais en même temps fonctionne comme appel à un référent extratextuel possible.

La parodie, parfois même l'humour[143], sont présents dans la fiction, ce que révèle la correspondance de l'écrivain quand il y est question des emprunts réciproques de divinités ou d'entités par les

---

[142] « The Shadow out of Time », *The Dunwich Horror and Others, op. cit.* p 384. « Je fus bouleversé d'y trouver des notes en marge et d'apparentes corrections du texte hideux, d'une écriture et dans des termes qui avaient quelque chose d'étrangement inhumain ». *Lovecraft*, (Bouquins), *op.cit.*, p. 530.

[143] Ceci ne signifie pas que l'humour et l'ésotérisme sont antinomiques, mais illustre la démarche iconoclaste de Lovecraft.

membres du cercle[144] lovecraftien Lovecraft prête ses inventions à C. A Smith, R. E. Howard, F.B. Long etc. Lui-même emprunte les créations des autres et les incorpore à son propre mythe. Mais il y a plus. Citant des sources dans sa fiction imaginaire, il introduit d'autres écrivains, notamment ses propres amis, sous des noms à peine déguisés (Chambers, le Comte d'Erlette, le grand prêtre Klarkashton, etc.). Dans certains textes, l'élément parodique est beaucoup plus visible. Ainsi Robert Blake, le héros malheureux de *The Haunter of the Dark*, victime de l'entité ailée Nyarlathotep, a bien des points communs avec Robert Bloch : tous deux sont romanciers, spécialisés dans l'étrange. Les titres des récits sont significatifs et... humoristiques : « The Burrower Beneath », « The Vale of Pnath », « The Stairs in the Crypt », « The Feaster from the Stars ». Lovecraft confesse d'ailleurs dans ses lettres s'être vengé ainsi de Bloch qui l'avait mis en scène dans un texte ironique : *The Shambler from the Stars*, où un écrivain très semblable à Lovecraft était dévoré par une entité venue de l'hyperespace. Comment, dès lors, prendre totalement au sérieux une œuvre dont la dimension mystificatrice apparaît à l'évidence ?

Un autre forme de parodie est illustrée dans *The Dunwich Horror*. Là, paganisme et christianisme, religion et superstition, formules magiques et accessoires science-fictionnels, sont convoqués en même temps. Le héros est, comme souvent, un homme de science, mais ouvert à un savoir autre que positiviste. Cependant un autre personnage tout aussi important apparaît, dont l'itinéraire tragique peut se lire comme une version parodique de l'histoire du Christ. Wilbur Whateley, le jumeau le plus humain des enfants engendrés par le Dieu Yog-Sothoth avec une humaine (clin d'œil à la mythologie grecque), subit une série d'épreuves initiatiques. Son frère, plus proche de l'entité cosmique que lui, meurt sur une colline en criant le nom du Père, à cause d'une incantation qui le renvoie au néant. Rien, en revanche, dans ce texte, ne semble véhiculer un message moral. Ces entités ne sont pas maléfiques, seulement indifférentes à l'homme et à son destin. Lovecraft partage ce credo indifférentiste avec d'autres écrivains américains appartenant au courant naturaliste, tels que Stephen Crane (dans *Le Bateau Ouvert*) par exemple.

---

[144] Expression employée pour désigner les amis écrivains les plus proches de Lovecraft, ceux avec lesquels il entretient une correspondance régulière : C.A. Smith, R. E. Howard, F. B. Long, F. Leiber etc.

Toutes ces modalités de distanciation expriment la même attitude face au discours ésotérique qui est relégué au statut d'instrument (matière première, toile de fond, élément narratif), au service d'un projet esthétique. En outre, Lovecraft exprime souvent, dans ses lettres et ses essais, sa défiance vis-à-vis de tout ce qui touche à l'ésotérisme et même, plus généralement, il considère la religion comme une source d'obscurantisme et de régression.

Aussi bien sa propre vision du monde est-elle de type scientifique, conforme aux théories les plus avancées de son temps (Relativité, théorie des quanta, géométrie non euclidienne...) dans le domaine des sciences exactes et des sciences naturelles. Ces convictions, explicites dans les lettres, trouvent également leur expression au plan fictionnel par l'emploi d'une thématique où la science joue un rôle important. Lovecraft est donc, sur ce plan, un écrivain très ancré dans son époque. Il suit de près l'évolution des savoirs, en dépit de sa pose d'esthète ou de gentleman anglais du dix-huitième siècle, pose qui se traduit aussi d'ailleurs dans son comportement et dans le style archaïque de certaines de ses œuvres.

Il demeure cependant que Lovecraft opère certains choix thématiques, qu'il ne s'engage pas dans un genre littéraire qui aurait mieux correspondu, semble-t-il, à ses présupposés théoriques et idéologiques, et qui pourtant se développe à son époque : la science-fiction. Certes, Lovecraft évolue dans cette direction, mais reste méfiant à l'égard de ce qu'il appelle avec une nuance de mépris : « Tales of Interplanetary Fiction ». Même si des critiques, comme Michel Meurger,[145] tentent d'annexer Lovecraft à la science-fiction, il semble difficile de souscrire totalement à leur lecture de Lovecraft qui reste, au moins au niveau de l'écriture, dans la mouvance du genre fantastique. Il faut cependant souligner que l'auteur privilégie, pendant presque toute sa carrière, des motifs, des figures, des éléments symboliques qui le rattachent à une tradition littéraire ou esthétique anglo-saxonne souvent encline à s'intéresser à l'ésotérisme[146]. Dans *The Dreams in the Witch House,* la sorcière Keziah Mason maî-

---

[145] Voir ses ouvrages, *Lovecraft et la S.-F*, t. I et II, Amiens, Encrage (Cahier d'études lovecraftiennes III et V) , 1991 et 1994.

[146] Notamment Arthur Machen, membre de la *Golden Dawn* , mais aussi Algernon Blackwood, Bram Stoker, Bulwer Lytton.

trise la science mathématique, mais elle conserve des attributs beaucoup plus conventionnels, voire stéréotypés : son apparence physique de vieillarde décrépie (« old crone »), le décor dans lequel elle évolue et les accessoires utilisés empruntent à la figure conventionnelle de la sorcière médiévale, même si les formules mathématiques remplacent les formules magiques. Certains éléments spécifiques renforcent la dominante archaïque et sont aussi conformes à la tradition telle que la décrit Margaret Murray[147] :

    — *la présence du « familier »,* ici un être hybride, rat au visage humain.

    — *la présence de l'« homme noir »* dont les attributs évoquent le Diable des légendes (même s'il est ultérieurement identifié à Nyalarthotep, l'une des divinités du panthéon lovecraftien.

    — *la présence d'un rituel typique* : le sacrifice d'un enfant, décrit avec une certaine précision. On pourrait ajouter à cela la notion de pacte « diabolique » que l'étudiant Gilman doit signer avec son sang. En fait, la part archaïque dans le développement du personnage et de l'intrigue semble au moins aussi importante que les éléments modernes du traitement.

Un autre texte de Lovecraft, *The Colour out of Space* , illustre ce traitement hybride. Il s'agit en apparence d'une nouvelle de science-fiction. Un météorite tombe du ciel et provoque dans la végétation, la faune et également la population humaine, des mutations monstrueuses. Mais les ambiguïtés thématiques et stylistiques de la nouvelle modifient cette approche. Dès le début, la présentation du paysage signale ce glissement : « a touch of unreal and the grotesque », (une touche d'irréel et de grotesque), « It was too much like a landscape of Salvator Rosa; too much like some forbidden *wood cut* in a *tale of terror.* » (cela ressemblait trop à un paysage de Salvator Rosa ou quelque maléfique *gravure sur bois* dans un *récit de terreur*). La nature même du météorite n'est pas définie clairement et les périphrases utilisées sont équivoques : « the weird visitor from unknown stellar space », « the stony messenger from the stars ». Les expériences pratiquées sur le météorite suggèrent non seulement une étrangeté totale, mais aussi une sorte de volonté quasi humaine :

---

147 Margaret Murray, *The Witch Cult in Western Europe : A Study in Anthropology*, Oxford, Clarendon Press, 1921.

« Stubbornly refusing to grow cool » (refusant obstinément de refroidir). La conclusion est que : « It was nothing of this earth, but a piece of the great outside; and as such, dowered with outside properties and obedient to outside laws » [148].

En fait, le « météorite » se révèle être une matière vivante et non inerte, une sorte de vampire intermédiaire entre le minéral et l'animal, qui absorbe l'énergie vitale physique, mais affecte aussi le psychisme des individus, ainsi qu'en témoigne l'une des victimes : « it lived in the well ... sucking the life out of everything... it beats down your mind and then gets ye, burns ye up. »[149] C'est cette nature ambiguë qui va permettre d'alimenter les mythes et légendes qui se constituent autour de ce phénomène. Le narrateur adopte une position rationaliste, qui est aussi celle de Lovecraft, à propos de l'origine des mythes : « all the basis for a cycle of whispered legend was fast taking form » (Le fondement d'un cycle de légendes chuchotées prenait rapidement forme). D'une certaine manière, Lovecraft déconstruit le fantastique en explicitant concrètement les causes objectives du phénomène, mais parallèlement le style très métaphorique, surchargé de connotations anthropomorphiques, suggère une réalité à peine pensable et qui dépasse, en tout état de cause, toute appréhension par un savoir humain.

À force de brouiller les pistes, de multiplier les références vraies et fausses à un savoir « extratextuel », Lovecraft a fini par donner de lui-même et de son œuvre une image ambivalente et paradoxale. L'évolution des thèmes fictionnels est parallèle à l'évolution de ses idées dans le domaine idéologique, comme plusieurs critiques l'ont montré. Sa pensée est globalement rationaliste, relativiste et déterministe. Même si l'écrivain de Providence abandonne certains stéréotypes du métadiscours ésotérique dans certains longs récits de la maturité (*At the Mountains of Madness*, *The Shadow out of Time*), sa mythologie propre s'affirme parallèlement comme fondement de toute l'œuvre, expression privilégiée du processus créatif, comme si l'écrivain avait tenté d'opérer une synthèse entre une pensée matéria-

---

[148] « The Colour out of Space », *The Dunwich Horror and Others, op. cit.* , p. 66. « Il n'était pas de cette terre, c'était une parcelle du grand ailleurs ; et, comme tel, doté de caractéristiques d'ailleurs et soumis à des lois d'ailleurs. ». *Lovecraft*, Bouquins, *op.cit.* vol. I, p.102.

[149] *Ibid.,* p. 78. « [...] ça vit dans l'puits [...] à tout ça suce la vie [...] ça t'démolit l'cerveau et pis ça t'prend ... ça t'brûle. » *ibid.* p. 112.

liste, scientiste, et une vision de l'Univers qui récupère partiellement les éléments des grands mythes fondateurs. C'est comme si le fantastique de Lovecraft passait nécessairement par une problématique du savoir et le plus souvent par une plongée dans les profondeurs archéologiques, associées aussi à une remontée dans le temps.

L'œuvre de Lovecraft participe ainsi d'une double démarche : démystification d'une part, remythification d'autre part. C'est d'abord une entreprise d'explication et même de démystification, bien illustrée dans des récits comme *The Whisperer in Darkness,* où l'on parle de l'origine, des conditions d'émergence et de développement des légendes et des mythes. À ce niveau, l'auteur reprend à son compte la position de Margaret Murray pour qui la sorcellerie médiévale ne serait qu'une survivance de cultes agraires archaïques (rites de fertilité, etc.)

Parallèlement, son œuvre produit et perpétue, à des fins esthétiques, de nouvelles légendes et de nouveaux mythes, qui en dépit de leur dimension mystificatrice, font partie d'une approche qui vise à prendre en compte à la fois les certitudes (découvertes scientifiques, avancées technologiques) et les incertitudes (angoisse face à un univers en proie à la mutation et à l'entropie, obsessions et phobies, interrogation sur l'origine et le destin de la race humaine) d'une époque. À cela s'ajoute la composante personnelle de l'auteur, notamment son ethnocentrisme racial et culturel forcené et sa phobie d'un monde mécanisé, générateur d'un comportement uniforme et aliéné. En ce sens, la thématique du Retour des Dieux Archaïques (typique de l'époque) peut aussi se lire comme métaphore de la pulsion entropique propre à la civilisation américaine au temps de Lovecraft.

Au terme de cette analyse du métadiscours ésotériste et de sa fonction dans l'œuvre, esquissons quelques conclusions. Lovecraft a une connaissance exclusivement livresque et superficielle de l'ésotérisme. Il en utilise des éléments fragmentaires, à des fins strictement esthétiques, sans faire siennes les visions du monde présentées par ces formes de pensée. Les différents procédés auxquels il a recours participent de l'efficacité narrative et contribuent à créer un effet fantastique original. Cependant, Lovecraft paraît avoir un propos plus ambitieux. Non content de renouveler certains motifs relevant du champ ésotérique, il les intègre dans une conception globale, matérialiste et scientiste, qui correspond à ses propres idées, notamment à celle d'un cosmos régi par des lois mécaniques et indifférent au sort des humains. S'il bascule graduellement vers la littérature conjecturale soutenue par une lecture rationaliste (darwinisme et relativisme einsteinien revus et corrigés par Olaf Stapledon) de sa propre mythologie, il ne rejette jamais totalement la thématique ésotérique. En témoigne d'une part son dernier récit, *The Evil Clergyman* (1937), qui reprend des schémas narratifs obsessionnels : transgression par le héros d'un savoir interdit, identité problématique, figures de la dépossession et de l'étrangeté. D'autre part, sa dernière lettre, inachevée, à J. F. Morton, où l'on trouve en l'espace de quelques pages les préoccupations majeures de l'auteur : souci de l'actualité dans le domaine scientifique (ici l'astronomie), relation amusée, ironique, d'une rencontre avec un zélote qui pense avoir vu le « vrai » *Necronomicon*. Enfin, cette lettre se clôt sur une toute dernière référence à un artiste très admiré par Lovecraft, Nicolas Roerich [150] :

« Better than the surrealists, though, is good old Nick Roerich whose joint at the Riverside Drive and 103ʳᵈ street is one of my shrines in the pest zone. There is something in his handling of perspective and atmosphere which to me suggests other dimensions and alien orders of being — or at least the gateways leading to such. Those fantastic carven stones in lonely upland deserts — those ominous, almost sentient lines of jagged pinacles — and above all those curious cubical edifices clinging to precipitous slopes and edging upward to forbidden needle like peaks! » [151]

---

[150] Nicolas Roerich(1874-1947) : célèbre artiste russe, écrivain et mystique. Féru d'archéologie et grand voyageur, il parcourt le Tibet et l'Inde où il s'installe à partir de 1922. Il exécute une série de peintures mystiques et combat pour la paix du monde. L'essentiel de son œuvre est exposé au musée Nicolas Roerich à New York, que Lovecraft aimait à fréquenter.

[151] Ultime lettre, avant sa mort, à J. F. Morton datée du 15 Mars 1937, *Selected Letters*, vol. 5, Arkham House, p. 436. « Mieux que les surréalistes cependant, c'est le bon vieux Nick Roerich dont l'antre au coin de Riverside Drive et de la 103ᵉ rue est un de mes lieux de pélerinage dans la zone pestiférée. Il y a quelque chose dans son traitement de la perspective et de l'atmosphère qui me suggère d'autres dimensions et d'autres ordres d'existence, où du moins les portes qui y conduisent. Ces fantastiques pierres taillées dans des solitudes désertiques — ces sommets déchiquetés et sinistres qui semblent doués de conscience — et, par-dessus tout, ces curieux édifices cubiques qui s'agrippent aux pentes abruptes et se redressent vers des aiguilles rocheuses interdites ». Traduction G. Menegaldo.

Même si Lovecraft ignorait sans doute le parcours ésotérique, notamment rosicrucien, de Roerich, il est étonnant qu'il ait été particulièrement sensible à la partie de l'œuvre picturale de ce dernier — les tableaux de paysages du Tibet et de l'Inde —, inspirée par sa quête spirituelle et ses voyages en Extrême-Orient. Tout se passe comme si Lovecraft retrouvait sur un plan poétique une communauté d'esprit avec une approche de la réalité qu'il ne cesse de stigmatiser, mais dont il reconnaît implicitement le pouvoir d'évocation, indispensable pour la mise en œuvre du « sense of wonder », finalité essentielle, constamment réaffirmée, de son projet artistique. La polémique sur la vérité du discours ésotérique de Lovecraft n'est peut-être pas encore éteinte ; elle survit en tout cas sous la forme de certaines mystifications littéraires particulièrement réussies.[152]

Là où l'ésotérisme se propose comme source de connaissance (du monde et de soi), le fantastique lovecraftien ne fait que dresser des écrans successifs entre le lecteur et un supposé savoir (d'où le caractère énigmatique et ouvert de la fiction). Le récit lovecraftien vise à échapper à toute vision totalisante. La seule clef qu'il nous livre, en tant qu'écriture, est de nature intratextuelle. C'est la reconnaissance par le lecteur, l'initié au genre, d'un réseau de signifiants, d'un encodage que ce dernier est appelé à décrypter. Mais l'essence du fantastique est encore au-delà du code, quand le contrat de lecture implicite entre auteur et lecteur est transgressé — quand ce dernier se perd dans les méandres du sens. C'est dans cette dialectique entre inscription rassurante de motifs familiers, voire stéréotypés, et inquiétante étrangeté angoissante, que s'inscrivent les plus achevés des textes de l'écrivain de Providence.

---

[152] Le plus achevé est la compilation de George Hay *The Necronomicon*, Neville Spearman, Jersey, 1978. Ce texte a été traduit et publié aux Editions Belfond en 1979, dans la collection Initiation et Connaissance, avec en sous-titre : « Le livre de l'Arabe dément Abdul Al-Hazred ».

Lauric Guillaud

008 — Lauric Guillaud en compagnie de Jean-Michel Nicollet

Conan Doyle, Sherlock Holmes, et la franc-maçonnerie. Un itinéraire vers l'occultisme

On sait que Conan Doyle, spiritualiste et franc-maçon, à l'instar de ses illustres contemporains (Rudyard Kipling, Henry Rider Haggard, Talbot Mundy), était loin d'être insensible à l'appel de l'occulte. Familier des sociétés discrètes ou secrètes, il en utilisa les ressorts dramatiques, d'abord pour plusieurs histoires de Sherlock Holmes, puis pour des œuvres ouvertement fantastiques. Il s'agira aujourd'hui d'évaluer la portée des éléments maçonniques dans l'œuvre de Conan Doyle et de voir en quelle mesure ses options spiritualistes façonnèrent sa vie et surtout ses écrits.

Conan Doyle franc-maçon

Vers la fin du XIXe siècle, le champ des sciences humaines et de la littérature est dominé par l'idée que la société est partagée entre quête rationnelle et attirance vers l'occulte. Cette époque est en effet hantée par l'irruption d'un discours narratif, fondé autant sur la soumission au positivisme que sur la fascination pour les signes de l'anormalité. Un auteur le montre excellemment : Sir Arthur Conan Doyle (1859-1930), disciple d'Edgar Poe, médecin engagé en Afrique du Sud durant la guerre des Boers, créateur du mythe de Sherlock Holmes, qui épousa tout aussi passionnément la cause du spiritisme, tout en évoluant philosophiquement de la franc-maçonnerie à l'occultisme, auquel il consacra trente-six années de son existence. Quel rôle joua exactement la franc-maçonnerie dans la production littéraire de Conan Doyle ?

Alors qu'Arthur Conan Doyle se destine à la médecine, il se met à écrire des nouvelles dont les premières sont publiées, alors qu'il n'a que vingt ans. Cette passion romanesque, Conan Doyle la doit à son père Richard Doyle, ami de l'écrivain Walter Scott, et aussi à sa mère qui nourrit le jeune Arthur de contes et de légendes celtiques. Possédé par le désir d'aventure, Arthur embarque en 1880 à bord d'une baleinière jusqu'aux confins de l'Arctique, puis, comme médecin, à bord d'un navire longeant la côte d'Afrique de l'Ouest (1881-82). À son retour, il ouvre son cabinet médical à Portsmouth tout en écrivant des histoires qu'il publie sous un pseudonyme. Les questions métaphysiques ne laissent de le hanter et de douloureuses interrogations le taraudent. Déjà apparaissent les tensions entre le médecin attaché au principe de réalité et le Conan Doyle épris de paranormal. Il commence en effet à s'intéresser au spiritisme et participe à des séances de tables tournantes[153]. Parallèlement, il multiplie fonctions et titres dans les secteurs du sport, de la science et de la politique. En 1887, il publie la première aventure de Sherlock Holmes, *Une Étude en rouge,* s'affilie à la Société Métapsychique et s'engage en franc-maçonnerie, sans qu'on sache exactement pourquoi, car l'ordre n'apparaît nulle part dans ses écrits personnels et les biographies en font à peine état. Si quelques études abordent le sujet du côté britannique[154], le silence règne en France à ce sujet.

---

[153] Au domicile du général Drayson (1885-88). Voir Yasha Beresiner, "Arthur Conan Doyle Spiritualist and Freemason", *MQ*, July 2007.

[154] En 1981, Alphonse Cerza publia dans *The Royal Arch Mason Magazine* (13, n°12, 379-380) un article intitulé « Sir Arthur Conan Doyle : Freemason ». Robert T. Runciman publie, en 1992, « Sir Arthur Conan Doyle, Sherlock Holmes and Freemasonry » dans *Transactions of Quatuor Coronati Lodge* (*The Premiere Lodge of Masonic Research*, 104, 178-187). En août 1993, Runciman livre une nouvelle étude intitulée « Sir Arthur Conan Doyle, Sherlock Holmes and Freemasonry » (*Company Bond* N° 002, *FMHC/Sherlock Publications*).

Conan Doyle, curieux de tout, aspire à connaître les mystérieux arcanes maçonniques. Il faut dire que la franc-maçonnerie tient une place de plus en plus grande en Grande-Bretagne dans la seconde moitié du siècle. Soutenue par la famille royale, elle connaît au cours des XIXᵉ et XXᵉ siècles une croissance inégalée dans le reste de l'Europe pour devenir une institution quasi officielle et assez conservatrice au Royaume-Uni et dans l'Empire britannique.

Toute l'intelligentsia anglaise fréquente des clubs aussi fermés qu'élitistes qui sont autant d'antichambres des loges. Arthur Conan Doyle est initié le 26 janvier 1887 à la *Phoenix Lodge* N° 257 de Southsea, Hampshire, parrainé par deux figures locales, Sir William David King et Sir John Brickwood. Il n'a que 27 ans. C'est là, selon Beresiner, qu'il rencontre en loge un certain Dr James Watson[155]. Celui-ci serait ensuite parti pour l'Écosse, mais cette rencontre aurait suffisamment frappé l'esprit de Doyle au point de l'associer aux aventures de son héros. Toutefois, la vérité oblige à dire que l'auteur avait fait connaissance durant ses études d'un certain Dr Patrick Heron Watson, collègue du célèbre professeur Bell qui aurait lui-même inspiré le personnage de Sherlock Holmes. L'Apprenti Conan Doyle est rapidement élevé aux grades de Compagnon et de Maître, mais il fréquente plus volontiers les loges de Londres que sa loge mère. Que sait-on de plus, sinon qu'il démissionne une première fois en 1889. En 1902, l'auteur est anobli par Édouard VII. Il rejoint à nouveau la franc-maçonnerie en 1902 et tente à nouveau sa chance aux élections (mais sans succès) en 1906. La loge *St-Mary's Chapel* N°1 d'Édimbourg, pour célébrer son retour, lui confère le titre de Membre d'honneur[156].

Il est certain que Doyle profite de ses liens maçonniques pour fréquenter d'autres célébrités du temps[157]. En effet, les écrivains, familiers des *gentlemen's clubs*, sociétés fermées par excellence,

---

[155] Cet obscur Dr James Watson, diplômé de l'Université d'Edimbourg en 1865, aurait servi comme médecin-officier au Consulat Britannique de Chine.

[156] Dans son discours de remerciement, Conan Doyle insista sur les valeurs maçonniques, valeurs qui trouvèrent leur place durant la guerre des Boers. Il est possible que Doyle ait fait la connaissance du frère Kipling lors de la fondation de *l'Emergency Lodge* en Afrique du Sud mais l'hypothèse demeure controversée. Voir J.-M. Lelong, « Conan Doyle franc-maçon », *Société Sherlock Holmes*, 1ᵉʳ janvier 2002.

[157] Haggard, Doyle et Kipling auraient appartenu à la « Loge des Auteurs n° 3456 » (« Authors' Lodge »). Pour ce qui est des rapports des écrivains avec la franc-maçonnerie, on consultera David Harrison, *The Transformation of Freemasonry*, Arima Publishing, 2010.

adhèrent en nombre à la franc-maçonnerie : Jerome K. Jerome, Oscar Wilde, Kipling et Henry Rider Haggard en sont quelques prestigieux exemples qui aiment à se rencontrer à Londres, à l'*Athaneum Club* ou au *Savile Club*. Ils font partie de ces réseaux scientifiques, intellectuels ou occultes qui réunissent par exemple des égyptologues comme Ernest A. Wallis Budge ou des historiens de la maçonnerie comme Arthur Edward Waite. C'est au *Savile Club* que le folkloriste écossais Andrew Lang rencontre Haggard en mars 1885, avant de le mettre en contact avec Kipling, puis avec Conan Doyle et Stevenson. La bonne société victorienne n'est nullement réticente à accueillir les réseaux fraternels, exclusivement masculins, où des notables policés peuvent se donner le frisson de l'aventure ésotérique et du mystère. En 1898, Conan Doyle est approché par l'Ordre de la Golden Dawn, la plus célèbre organisation ésotérique de l'époque. Mais il décline cette offre.

Visiblement, hormis ces contacts privilégiés, Doyle entretient avec l'ordre une relation en dents de scie. En 1911, il s'éloigne définitivement de la maçonnerie, même si certaines histoires de Holmes font référence ici et là à l'ordre maçonnique, souvent de manière furtive, comme nous allons le voir.

Sherlock Holmes, franc-maçon ?

La majorité des références maçonniques apparaît dans des œuvres rédigées du temps où Conan Doyle appartient encore à la maçonnerie. Les allusions sont ensuite éparses et plutôt négatives. *Une Étude en rouge* (1887) met en scène la première aventure de Holmes et Watson dans une intrigue où apparaît une loge maçonnique irrégulière de Mormons. Le premier maçon identifié par Holmes (grâce à « *une bague d'or avec une devise maçonnique* »[158]), Enoch Drebber s'avère un personnage peu reluisant, un Mormon renégat. Avant même *La Vallée de la peur*, Doyle se montre plutôt critique des fraternités occultes d'outre-Atlantique.

Un second maçon, du nom de Jabez Wilson apparaît dans « La Ligue des rouquins » (« The Adventure of the Red-headed League », 1891), de nouveau identifié par Holmes et Watson :

(*Wilson*) : « *Comment diable savez-vous… que je suis franc-maçon ?* »

---

158 A. C. Doyle, *Une étude en rouge, Œuvres complètes de Sir A .C. Doyle*, vol. 1, Paris, R. Laffont, 1958, p. 45.

(Holmes) : « Je ne ferai pas injure à votre intelligence en vous disant comment je l'ai vu ; d'autant plus que, en contradiction avec le règlement de votre ordre, vous portez en guise d'épingle de cravate, un arc et un compas »[159].

Wilson a beau se présenter comme une victime, il n'a été berné qu'en raison de sa cupidité et de sa lenteur d'esprit. Il ne montre donc pas les qualités d'un digne franc-maçon.

Dans « Un scandale en Bohème » (1891), Holmes dit à Watson : *« Car entre les hommes de chevaux [horseymen] il existe une merveilleuse sympathie, presque une franc-maçonnerie : si vous êtes l'un des leurs, vous saurez en un tournemain tout ce que vous désirez savoir »*[160] (II). Mais il se peut que le terme soit employé ici au figuré.

Un exemple plus développé apparaît dans « Le Rituel des Musgrave » (« The Musgrave Ritual ») publié en 1893. Le fils aîné des Musgrave est chargé d'apprendre le catéchisme suivant sans trop savoir pourquoi :

– À qui appartenait-elle ?
– À celui qui est parti.
– Qui doit l'avoir ?
– Celui qui viendra.
– Quel était le mois ?
– Le sixième en partant du premier.
– Où était le soleil ?
– Au-dessus du chêne.
– Où était l'ombre ?
– Sous l'orme.
– Comment y avancer ?
– Au nord par dix et par dix, à l'est par cinq et par cinq, au sud par deux et par deux, à l'ouest par un et par un et ainsi dessous.
– Que donnerons-nous en échange ?
– Tout ce qui est nôtre.
– Pourquoi devons-nous le donner ?
– À cause de la confiance.[161]

---

[159] A. C. Doyle, *« La ligue des rouquins »*, *ibid.*, pp. 329-330.

[160] A. C. Doyle, « Un scandale en Bohème », *ibid.*, p. 309.

[161] A. C. Doyle, *« Le rituel des Musgrave »*, *Œuvres complètes de Sir A .C. Doyle*, vol. 4, Paris, R. Laffont, 1958, pp. 130-131.

Si cet échange verbal rappelle les formules des rituels, il ne correspond à rien de connu. Si Doyle restitue la musique maçonnique, les paroles, elles, sont de son invention.

Un troisième maçon, du nom de John Hector McFarlane, est identifié dans « L'Entrepreneur de Norwood » (« The Adventure of the Norwood Builder », 1903) :

(Holmes) : « Vous m'avez annoncé votre nom comme si je devais le connaître, mais je vous certifie que, en dehors des faits évidents que vous êtes célibataire, homme de loi, franc-maçon et asthmatique, je ne sais rien de vous... » (Watson poursuit) : « Il ne me fut pas difficile de remarquer... que certaines breloques étaient attachées à sa chaîne de montre... »[162]

Il est à noter cette fois que McFarlane est un maçon honnête, digne de la confrérie.

Notons que dans *Le Monde perdu* (1912), il est fait mention d'un certain Mr Hungerton fonçant à une tenue maçonnique. Plus intéressante est la formule qu'utilise Lord John Roxton quand il dit à Malone : « *entre vous et moi dûment couverts* » (« *between you an' me close tiled* »)[163]. Nous avons ici non seulement une référence au tuilage maçonnique, mais une confirmation des liens fraternels unissant dorénavant Roxton au jeune Malone.

La tonalité va changer radicalement avec *la Vallée de la peur* publié en 1915, qui offre une image plutôt trouble de la franc-maçonnerie. On comprend mieux ici toute la complexité des rapports de l'écrivain avec une société philosophique qu'il veut désormais mettre à distance. Conan Doyle soupçonne-t-il de dérives possibles une maçonnerie mal représentée et mal employée ? Car dans ce roman, la loge décrite s'apparente à une organisation mafieuse.

Après avoir dénoncé les membres de la société secrète des Molly Maguires[164], un certain McMurdo regagne l'Angleterre et change de nom, mais la loge contacte des camarades chargés à Londres de venger l'affront dans le sang. Là, grâce à l'aide de Moriarty, ils parviennent à assassiner McMurdo. *La Vallée de la*

---

[162] *Ibid.*, p. 330.

[163] A. C. Doyle, *Le Monde perdu, Les Exploits du Pr Challenger et autres aventures étranges*, Paris, Bouquins, R. Laffont, 1989, p. 59. Mais la traduction est erronée : « *de vous à moi...* ».

[164] Les *Molly Maguires* (appelés aussi *Hibernians*) étaient les membres d'une société secrète née en Irlande, parmi les métayers luttant contre l'exploitation de leurs propriétaires.

peur confirme certes l'intérêt de Doyle pour les sociétés secrètes, mais surtout l'hostilité manifeste de l'auteur à l'égard de certaines fraternités américaines ouvertement détournées à des fins criminelles — à savoir l'*Ancient Order of Freemen* appelé localement *The Scowrers Lodge* No 341, Vermissa Valley. L'auteur précise qu'il y a « *une loge dans chaque ville* » et que « *là où il y a une loge, je trouve des amis* »[165]. « – *John McMurdo, dit la voix, êtesvous déjà membre de l'Ordre Ancien des Hommes Libres ? Il inclina affirmativement la tête. — Votre loge est bien la loge 29 à Chicago ? Il inclina à nouveau la tête* » (p. 148). Il s'agit en fin de compte d'« *une secte d'assassins* » (p. 126) dont tous les membres portent sur l'avant-bras « *un triangle dans un cercle* » (p. 131).

La référence la plus explicite à la franc-maçonnerie apparaît dans *Au Pays des Brumes* (*The Land of Mist*) publié en 1926. Un personnage nommé Weatherby est décrit comme suit :

C'est un âne pompeux qui s'appelle Weatherby. Il fait partie de ceux qui se tiennent aux confins de la franc-maçonnerie ; il ne parle que sous forme de murmures indistincts et il respecte les mystères là où ils n'existent pas. Le spiritisme, avec ses mystères aussi réels que redoutables, lui paraît une doctrine vulgaire parce qu'elle console les pauvres gens ; mais il aime lire des articles sur le rite écossais ancien et accepté et les figures baphométiques. Son prophète est Eliphas Levi [166].

Conan Doyle a quitté la maçonnerie depuis maintenant quinze ans et, marqué par la mort de son fils au front, a abandonné l'écriture pour se consacrer à l'occultisme. En outre, il connaît la figure controversée d'Eliphas Lévi, occultiste et ex-franc-maçon, considéré par certains comme le dernier des mages. La figure du Baphomet, tirée de *Dogme et Rituel de la Haute Magie* (1854) de Levi, fut reprise par le journaliste français Léo Taxil qui publia une série de pamphlets accusant les Loges de vénérer le diable. Au centre de ses accusations se trouvait Baphomet, décrit comme l'objet de vénération de la franc-maçonnerie. Doyle défend ici le spiritisme tout en réglant ses comptes avec un occultisme qu'il juge dévoyé.

---

[165] A. C. Doyle, *La Vallée de la peur, Œuvres complètes de Sir A .C. Doyle*, vol. 10, Paris, R. Laffont, 1958, p. 114.

[166] A. C. Doyle, « Au pays des brumes », *Les Exploits du Pr Challenger et autres aventures étranges, op. cit.*, p. 348.

On aurait pu penser que Conan Doyle avait donné là son dernier coup d'archet maçonnique. Or, en 1927, dans « Le Marchand de couleurs retiré des affaires » (« The Adventure of the Retired Colourman »), un dernier franc-maçon est repéré par Holmes et Watson, le détective Baker : *(Watson) : « Un homme au visage grave... Il avait des lunettes... et une épingle de cravate maçonnique »*[167]. Ce représentant de l'ordre est l'un des rares policiers à trouver grâce auprès de l'auteur. Peut-être Doyle essaie-t-il de corriger dans cette histoire tardive l'image négative de la maçonnerie donnée par ses récents écrits.

Il demeure que les échos littéraires de la franc-maçonnerie sont à l'image des rapports complexes qu'entretint l'auteur avec l'ordre. Certains exégètes, maçons pour la plupart, ont envisagé l'hypothèse apparemment farfelue d'un Sherlock Holmes affilié à la franc-maçonnerie. Fin 1965, Harold V. B. Voorhis publie un article, « Sherlock Holmes Was a Mason » (*The Royal Arch Mason*, 8, N°8, 248). Après avoir relevé les références à la franc-maçonnerie dans les aventures, l'auteur estime que Holmes était maçon en l'identifiant à Conan Doyle. En décembre 1977, K. F. Langford ne va pas aussi loin. Avec « Was Sherlock Holmes a Mason ? » (*Masonic Square*, 3, N° 4, 159-161), il reconnaît qu'il n'y a aucun élément prouvant l'appartenance de Holmes à l'ordre. Au printemps 1986, Barrett G. Potter publie d'abord « Sherlock Holmes and the Masonic Connection » (*Baker Street Miscellanea*, N° 45, 28-32), puis, « Was Sherlock Holmes a Mason ? » en deux parties dans *The Empire State Mason* (35, N° 4, 24-25, fin 1987, et la suite dans 36, N° 1, 20-21, printemps 1988). L'article conclut que Holmes n'était pas maçon, mais qu'il avait une très bonne connaissance de l'ordre alors très implanté dans la société victorienne. Pour Cecil A. Ryder Jr, dans « A Study in Masonry » (*Sherlock Holmes Journal* 11, N° 3, fin 1973, 86-88), il n'y a pas de doute : Holmes était maçon. Enfin, dernier écrit connu à ce jour sur le sujet, « The Real Mystery », publié par C. DeForrest Trexler en août 1991 dans *The Northern Light* (22, N° 3, 4-6), qui se demande pourquoi aujourd'hui, des écrivains tentent d'associer Holmes et Jack l'Éventreur à la maçonnerie. Le film *Meurtre par décret* (1979) avait en effet repris la thèse de Stephen Knight développée dans *Jack the Ripper : The Final Solution* (1976).

---

[167] A. C. Doyle, « Le Marchand de couleurs retiré des affaires », *Œuvres complètes de Sir A .C. Doyle*, vol. 7, Paris, R. Laffont, 1958, p. 709.

Il est difficile de croire à la thèse d'un Holmes initié, même si celui-ci est visiblement familiarisé avec les symboles et emblèmes maçonniques. Ce savoir sera mis à profit par Bob Clark dans *Meurtre par décret* où l'on voit Sherlock Holmes professer une certaine connaissance du *Royal Order of Freemasons*, échanger avec le frère Sir Charles Warren quelques signes étranges et l'identifier comme 33e degré grâce à un insigne sur sa bague.

Il est certes loisible de s'interroger sur la relation fraternelle de Holmes et Watson, sur la conception de la justice de notre héros, sur ses activités occultes durant le fameux « hiatus »[168] ou sur sa décision finale de prendre sa retraite comme apiculteur dans le Sussex (dans la symbolique maçonnique, la ruche figure en effet la persévérance et le travail continu pour la construction du temple). Mais ces preuves sont minces, d'autant que Holmes en général fait montre dans ses enquêtes d'un individualisme farouche qui tranche avec le principe de solidarité maçonnique. Enfin, dans « La Ligue des rouquins », Holmes, face à un maçon, évoque explicitement « *le règlement de **votre** ordre* » — et non « du nôtre ».

J.-M. Lelong croit découvrir un « sens nouveau » dans la vision de l'auteur, ainsi qu'une « autre dimension, plus philosophique, plus intérieure » à partir de son engagement maçonnique : « Cette quête contre le Crime, l'Injustice, la Société corrompue, trouve une autre explication »[169]. Mais, comme nous l'avons vu, la quête de Conan Doyle n'est pas seulement maçonnique, elle est surtout éthique ; elle commence par l'agnosticisme, se plaît à vagabonder sur des voies qui se fondent paradoxalement sur la tradition, qu'elle soit occidentale ou orientale.

De la chevalerie à l'occultisme.

Il faut donc chercher ailleurs les signes d'une réelle foi maçonnique chez Conan Doyle, notamment dans ses romans médiévaux. Il faut se souvenir que Walter Scott, lui-même franc-maçon, était un proche ami de Richard Doyle et que la mère de l'auteur avait maintenu chez son fils la flamme ardente de la chevalerie et du monde arthurien (son prénom en fait d'ailleurs état). Doyle est toujours

---

[168] Un certain William Boyer suggère que Holmes profita de son séjour au Moyen Orient, au Tibet et à Jérusalem pour rechercher les véritables racines de la franc-maçonnerie. W. H. Boyer, Skip, "The Masonic Game is Afoot: Was Sherlock Holmes a Brother ?", *Shoso-In Bulletin* 12, no. (2002): 98-101.

[169] Article cité plus haut.

maçon quand il publie *La Compagnie Blanche* (*The White Company*, 1890). L'auteur évoque les tribulations d'une compagnie dirigée par Sir Nigel Loring au XIVe siècle, projetant sur ces âges sombres une lumière dorée, notamment sur la caste militaire. La Compagnie Blanche et ses chefs ne semblent obéir qu'à deux impulsions : le goût du sport et l'esprit chevaleresque. La régénération à laquelle songe l'auteur passe par la restauration des valeurs spirituelles et d'abord du code chevaleresque. Comme l'écrit Pierre Nordon, « *Ayant esquissé dans sa représentation de l'univers médiéval la vision d'un État dont l'aristocratie dirigeante savait exalter les forces spirituelles* », « *l'écrivain chevalier* » suggère la possibilité de retrouver dans cet héritage un principe actif toujours valable[170]. Autrement dit, derrière l'exaltation lyrique du monde médiéval se profile une exhortation, sous un nationalisme généreux, à ranimer le patriotisme et l'esprit de corps de l'Empire. Issu d'un monde de rêve plus que d'histoire, *Sir Nigel* (1905), roman qui enchantera Kipling, montrera le code chevaleresque en action. N'est-ce pas dans ce code moral que Doyle reste le plus fidèle, à la fois à ses origines et à son engagement de 1887 ? Si l'on prend en compte l'engagement maçonnique ou ésotérique de certains auteurs comme Doyle, Kipling ou Buchan, on s'aperçoit que l'initiation sert de complément « naturel » à la vague pédagogique, voire propagandiste, qui déferle sur une Grande-Bretagne désireuse de voir renaître une nouvelle épopée nationale sous le couvert de la colonisation.

La formule « nouvelle chevalerie » recoupe toute une constellation de valeurs — la beauté, la spiritualité, la virilité, la démocratie — qu'exalte l'esprit du temps à travers la presse d'opinion, les magazines populaires et la fiction, voire les cercles fraternels réservés aux seuls hommes, comme on le sait. On a dit des romans de Rider Haggard qu'ils « semblent vouloir communiquer le secret du passage vers une vérité d'un ordre supérieur », et que « la quête spirituelle permanente de Haggard se trouve déguisée par ses aventures imaginaires »[171]. On peut vraisemblablement dire la même chose de Kipling et de Conan Doyle.

Ce dernier intègre relativement tôt dans sa fiction sa passion

---

[170] P. Nordon, *Sir Arthur Conan Doyle, L'homme et l'œuvre*, Paris, Didier, Études Anglaises 17, 1964, p. 345.

[171] Voir notre ouvrage *Des mines du roi Salomon à la quête du Graal*, Paris, Michel Houdiard Ed., 2014, p. 116.

pour les gnoses orientales. L'occultisme va de pair avec l'orientalisme dans *Le Mystère de Cloomber* (*The Mystery of Cloomber*, 1888). La religion orientale s'y présente comme manifestation d'une science supérieure que la civilisation occidentale n'a pas su atteindre. Grâce à la « force idyllique » (issue de la théosophie de Mme Blavatsky), de mystérieux visiteurs hindous triomphent de la force purement matérielle de la technologie occidentale, « *l'Orient [étant] en avance de plusieurs milliers d'années dans tous les principes de la science* »[172]. Voici introduits les thèmes de la revanche des vaincus de l'histoire et des pouvoirs étranges issus de la science occulte, qui anticipent, dès la fin du XIXe siècle, ceux de la menace et de la revanche des mondes perdus, notamment de ceux dotés de l'« Antique Sagesse » (romans de Mundy et Howard).

Pour Conan Doyle qui « ne supporte pas le dogme pour le dogme, le puritanisme sclérosé de l'institution, la suspicion à l'égard de l'occulte, en vigueur chez les catholiques »[173], toutes les traditions, religieuses ou ésotériques, permettent de régénérer l'occident. Pour trouver un apaisement et un sens à sa vie, Doyle n'hésite pas à prôner à la fois la résurrection de l'esprit chevaleresque et la nécessité de s'ouvrir au paranormal et à l'ancienne sagesse.

Si Doyle s'intéresse à la Société Théosophique, fondée en 1875, c'est que la démarche de Mme Blavatsky consiste à ramener les religions à une unité, une sorte de religion primordiale. Le prétendu conflit entre foi et raison s'accompagne de la recherche « *d'une majestueuse Théorie du Tout, laquelle devait précipiter l'avènement d'un nouvel âge d'or* »[174]. On tente de réconcilier science et religion, l'une des préoccupations majeures de Conan Doyle, en imaginant une sagesse primordiale préservée dans quelque lointain Orient. Les théosophes voient dans l'imagination littéraire une voie complémentaire à la connaissance traditionnelle, le romancier pouvant se muer en prophète. L'hybridité prévaut dans un sous-genre de la littérature populaire mariant science-fiction, fantastique et occultisme prosélyte.

Il y a chez Doyle une double personnalité, partagée entre logique

---

172 A. C. Doyle, *The Mystery of Cloomber* [1888], London, Ward and Downey, 1895, p. 145.

173 E. Le Bret, *Conan Doyle contre Sherlock Holmes*, Paris, Ed. du Moment, 2012, p. 51.

174 W. Stoczkowski, *Des hommes, des dieux et des extraterrestres*, Paris, Flammarion, 1999, p. 162.

et imagination. Si Holmes incarne la rigueur du médecin en quête de logique, la contrepartie angoissée de l'écrivain exige une autre dimension tournée vers l'ailleurs, qui conduira Doyle à embrasser la cause spirite, après une lente évolution qui l'amènera à écrire des contes fantastiques teintés d'occultisme[175]. Doyle hésite de plus en plus « *entre un matérialisme tempéré et un spiritualisme inconditionnel* »[176]. Peu à peu s'impose la réalité d'une survie dans l'au-delà. Si Conan Doyle vise, par le biais de l'engagement religieux, à « *la défaite de la mort* » (Francis Lacassin), on conçoit également que l'œuvre doylienne ne reste pas étrangère aux épreuves personnelles de l'homme.

La tentation d'un ailleurs ou d'un au-delà traduit chez Doyle un « refus du siècle »[177]. En 1913 paraît « La Ceinture empoisonnée » (« The Poison Belt »). Les héros du *Monde perdu* assistent à la fin du monde, submergé par une sorte de raz-de-marée cosmique qui empoisonne toute vie. Tandis qu'ils se préparent au « *grand plongeon* »[178], c'est la « marée de la vie » qui submerge la planète en une véritable « *résurrection* » (p. 247), les héros survivant au désastre. La renaissance qui fait suite à la syncope universelle correspond à la conception spirite de l'au-delà : il est à l'image de l'ici-bas. Sur un fond d'imaginaire atlantidien qui préfigure *Le Monde perdu sous la mer*, Doyle laisse transparaître, dans « La Ceinture empoisonnée », à la fois les signes annonciateurs d'une conversion qu'il proclamera trois ans plus tard (en 1916) et les craintes d'une apocalypse universelle.

De 1916 à 1920, Conan Doyle multiplie les conférences. Dans *Le Message vital* (1919), la doctrine spirite s'oppose à la léthargie de la conscience humaine. Le rejet du monde moderne passe par la redécouverte des origines. Dans *Voyages d'un spiritualiste* (1921), Doyle suggère qu'un destin similaire à l'Atlantide attend le monde moderne. « *Peut-être,*

---

[175] Voir « Le Manoir hanté de Goresthorpe » (1879), « La Hachette d'argent » (1883), « La Déposition de J. Habakuk Jephson » (1884), « Le Capitaine de l'Étoile Polaire » (1886), « Du fond de l'abîme » (1892), et « Le Lot 249 » (1894), « La Chambre scellée » (1898), « La Boîte laquée » (1899). Les références au mesmérisme et au spiritualisme deviennent de plus en plus fréquentes : « La Grande expérience de Keinplatz » (1886), « Le Parasite » (1894), « La Main brune » (1899) et « Jouer avec le feu » (1900).

[176] F. Lacassin, « Conan Doyle ou la défaite de la mort », postface à *L'Horreur des altitudes*, Paris, U.G.E. 1981, p. 232.

[177] Pierre Nordon, *op. cit.*, p. 381

[178] A. C. Doyle, « La Ceinture empoisonnée », *Les Exploits du Pr Challenger et autres aventures étranges*, *op. cit.*, p. 234.

écrit-il, *la Grande Guerre n'était-elle qu'un avertissement* »[179]. Il n'échappe pas à l'incontournable actualité d'une Atlantide devenue « culture de masse »[180] et qui va bouleverser sa vie en 1922. Le 10 décembre 1922, Jean, l'épouse de Doyle, entre en contact par transes avec un esprit du nom de Pheneas, un scribe chaldéen qui aurait vécu trois mille ans av. J.-C. Ce « guide spirituel » révèle les détails de l'avenir atlantidien du monde moderne. L'humanité sombrerait « dans un abîme de mal et de matérialisme » et des milliers d'esprits malins se préparaient à « *causer tremblements de terre et raz-de-marée* »[181]. Il appartient à l'Angleterre d'être « *le phare de ce monde de ténèbres* », « *centre vers lequel se tournera le monde entier* »[182]. Le message de Pheneas correspond ainsi à celui que livre « La Ceinture empoisonnée », d'autant que Doyle évoque un gaz mortel qui envahirait la terre, mais contre lequel les Élus (les spirites), seraient immunisés, ce qui leur permettrait d'inaugurer un nouvel ordre spirituel[183]. Manifestement, Conan Doyle prend les révélations de Pheneas pour argent comptant. En 1927, Doyle, toujours obsédé par la fin du monde, accumule les prophéties cataclysmiques issues des milieux spirites. Le monde, nouvelle Sodome et Gomorrhe vouée au châtiment, connaîtrait la purification et la renaissance. Doyle rédige une plaquette intitulée « A Warning » (« Un avertissement ») et publie une version expurgée des prophéties dans *Pheneas Speaks*[184]. Beaucoup crient au canular[185].

Dans une pseudo-fiction, *Au Pays des Brumes* (*The Land of Mist*, 1925), l'auteur procède à un réquisitoire contre les progrès de la science et le matérialisme, tout en dénonçant le monde moderne. La « *punition va venir bientôt* », prédit-il. Cette angoisse d'apocalypse altère la qualité littéraire d'une œuvre qui est ouvertement propagandiste, même si l'on retrouve les personnages du *Monde perdu*.

---

[179] A. C. Doyle cité par D. Stashower, *Teller of Tales. The Life of A. C. Doyle*, New York, Henry Holt & Co. 1999, p. 431.

[180] Voir nos ouvrages *L'Éternel déluge*, Paris, Ed e-dite, 2001 et *L'Atlantide de A à Z*, Paris, Ed e-dite, 2001 (avec J. -P. Deloux).

[181] Cité par J. L. Meikle, « Over There : A. C. Doyle and Spiritualism », *Critical Essays on Sir A. C. Doyle*, op. cit., pp. 278-279.

[182] Voir J. McCearney, *Arthur Conan Doyle*, Paris, La Table Ronde 1988, p. 324.

[183] Voir D. Stashower, *Teller of Tales. The Life of A. C. Doyle*, op. cit, p. 428.

[184] *Pheneas speaks. Direct Spirit Communications in the Family Circle Reported by A. C. Doyle*, London, The Psychic Press & Simpkin Marshall, 1927.

[185] H. G. Wells, par exemple (Voir D. Stashower, *Teller of Tales. The Life of A. C. Doyle*, op. cit, p. 401).

Le Pr Challenger va couronner l'évolution de l'œuvre fantastique vers la religiosité spirite, le savant matérialiste apportant à l'auteur le témoignage de sa propre conversion. Le roman se mue désormais en document militant. En 1925, Doyle confie : « *Mon travail littéraire est achevé. Je n'écrirai plus d'œuvres d'imagination* »[186].

Pourtant, en 1927, Conan Doyle signe une étrange fiction théologique, *Le Monde perdu sous la mer* (*The Maracot Deep*). On y voit un savant allant jusqu'à abdiquer le dogme scientiste pour affronter en Atlantide le « Seigneur à la sombre face ». L'auteur instrumentalise le mythe de Platon afin d'en faire un produit hybride qui, en fait, ne satisfait ni les amateurs de littérature ni les atlantologues. L'Atlantide n'y est qu'un prétexte. En effet, Conan Doyle poursuit son entreprise de dénonciation d'un Occident menacé de destruction, à l'image de l'Atlantide de Platon.

La fiction doylienne s'inscrit dans un schéma cyclique, typique du thème atlantidien. Maracot assiste sur un écran à une « succession d'images représentant l'essor et la décadence » du peuple atlante qui renvoie le lecteur de 1927 à la dégradation du monde occidental :

D'une génération à l'autre, la race s'avilissait. Nous avons vu surgir les symboles d'une dissipation voluptueuse, d'une débauche latente, d'une dégénérescence morale, d'un progrès de la matière au détriment de l'esprit. Des jeux de brutes remplaçaient les exercices virils d'autrefois. [...] la culture spirituelle et intellectuelle était abandonnée. Nous avons eu devant les yeux l'image d'un peuple incapable de rester en repos et frivole, passant sans cesse d'un but à un autre, courant constamment à la conquête du bonheur et le manquant non moins constamment, mais en s'imaginant toujours qu'il pourrait le trouver dans des manifestations plus compliquées et anormales[187].

En dépit d'« *avertissements terribles* », les Atlantes poursuivirent un déclin qui les mena au désastre. Il y eut pourtant l'arche des élus, cette élite qui permit à l'Atlantide de survivre. Or, Doyle se sent lui aussi investi d'une mission salvatrice, rappelons-le. Il injecte dans le récit ses propres croyances : les concepts de « *mémoire raciale* » ou de « *déjà-vu* » trouvent leur explication

---

186 A. C. Doyle, cité par J. Dorsenne, « A French View of Conan Doyle », in *Sir Arthur Conan Doyle. Interviews and Recollections*, New York, H. Orel ed., St Martin's 1991, p. 265.

187 A. C. Doyle, *Le Monde perdu sous la mer, Les Exploits du Pr Challenger et autres aventures étranges*, *op. cit.*, p. 532.

dans la métempsycose (p. 554). Le narrateur, Cyrus Headley, comprend qu'il est la réincarnation d'un atlante qui vécut douze mille ans plus tôt.

Quant au « Seigneur à la Face Noire », dont le nom est emprunté à la *Doctrine secrète* de Mme Blavatsky[188], Conan Doyle fait de cette figure surhumaine l'agent invisible des calamités de l'histoire. Cet instigateur occulte, ce « *maître de la foule* », est responsable de la longue décadence humaine actuelle comme il le fut il y a douze mille ans en Atlantide. « *Tout se passe*, affirme Maracot, *comme si à partir d'un certain point, il devenait impossible d'aller plus loin. La patience de la nature est épuisée, et il ne reste qu'une solution : tout démolir et tout recommencer* » (p. 559). La conception historique doylienne est non seulement apocalyptique, mais cyclique[189]. Mais la vision pessimiste de l'auteur est toujours atténuée par une possibilité de salut au bout des temps, pourvu qu'il se trouve un surhomme capable de vaincre les forces diaboliques. Le sage atlante Warda fut cet homme jadis et le Pr Maracot héritera des pouvoirs grâce auxquels il pourra triompher psychiquement du « Seigneur à la Face Noire ». Comme Challenger, Maracot réalise la supériorité de l'esprit sur la matière en une laborieuse démonstration syncrétique qui tient à la fois du miracle chrétien et de la religion des esprits. Le savant se fait porte-parole de l'irrationnel : « *Que cela me soit arrivé à moi ! [...] un matérialiste, un homme si absorbé par la matière que dans ma philosophie l'invisible n'existait pas ! J'ai entendu crouler en miettes les théories de toute ma vie.* » (p. 569)

Dans ce testament fictionnel, on peut lire toutes les étapes de l'itinéraire de l'auteur, de la simple curiosité intellectuelle à l'apologie spirite. Il convient désormais d'interpréter les thèmes occultistes du fantastique doylien, non comme des éléments d'imagination, mais comme des « preuves » de la réalité de l'au-delà. En ravalant ses héros scientifiques au rang de simples procédés rhétoriques, la fiction de Doyle renie « symboliquement la gratuité nécessaire, la futile gravité du récit d'imagination pure »[190].

---

[188] Voir W. Stoczkowski, *Des hommes, des dieux et des extraterrestres*, *op. cit.*, p. 246.

[189] « *Tel avait été le destin, telles avaient été les causes de ce destin qui avait submergé la grande terre de l'Atlantide. Un jour lointain, [...] cette grande cité sera projetée une fois de plus par un nouveau souffle de la nature, et le géologue de l'avenir exhumera [...] les restes d'une civilisation évanouie et les traces d'une catastrophe vieille comme le monde* ». (p. 534).

[190] D. Couégnas, « Conan Doyle et Challenger ; de la jubilation narrative au silence littéraire », *Les Cahiers de l'Imaginaire*, n° 21, Rennes, oct.1986, p. 48.

Cette écriture peut-elle même faire office de thérapie ? On peut en douter si l'on observe la tonalité pessimiste des dernières aventures de Sherlock Holmes, publiées en 1927 : « *Toute la vie n'est-elle pas pathétique et futile ?* », s'exclame Holmes dans « Le Marchand de couleurs retiré des affaires ». « *Nous atteignons, nous saisissons. Nous serrons les doigts. Et que reste-t-il finalement dans nos mains ? Une ombre. Ou pis qu'une ombre : la souffrance* »[191]. Ce constat désabusé montre que la croyance dans la religion spirite n'a pas effacé chez Doyle cette douloureuse impression de toucher du doigt la vanité des choses humaines.

Le monde perdu est le moteur parfois morbide d'une quête mystique, plongée régressive qui s'accompagne d'un rejet de la modernité. Comme Jules Verne, Maurice Leblanc, Robert Howard ou H. P. Lovecraft, Conan Doyle invente ou réinvente des mondes parce qu'il voit le sien disparaître. Le thème atlantidien, réinvesti par Doyle, lui permet de parachever son itinéraire à travers le voile du temps ou le pays des brumes. Le « monde d'en haut » est comme le « monde d'en bas » ; là gît la « *mémoire endormie de la terre* »[192] que vont réveiller les héros de Doyle. L'Atlantide, tout en renvoyant à l'origine, ouvre aussi les portes de l'avenir par son retour fantasmé, en un espoir de régénération ou de rédemption, individuel et collectif.

Conclusion

Au pays des brumes s'achève sur les sempiternelles causes de la « dégradation » planétaire. Serait-ce la « *fin du monde* » ? demande Enid à Malone qui rétorque : « *Non, une nouvelle naissance du monde* » (p. 475). Le recours au mythe atlantidien est logique chez un homme qui s'attache désormais à participer à la renaissance d'un monde condamné.

Peut-être la franc-maçonnerie a-t-elle conforté chez Conan Doyle l'espoir d'une renaissance initiatique, la représentation maçonnique de la mort aboutissant à autre chose que le néant et suggérant une suite à la mort symbolique. Le frère Doyle a ainsi combattu son angoisse existentielle, découvrant un véritable processus d'éveil promu à un niveau de conscience supérieur. Mais Doyle croyait avant tout à une survie de l'esprit à la matière, se réincarnant de siècle en siècle et d'homme en homme. En cela, la maçonnerie ne pouvait combler l'intense soif de mysticisme et de spiritualité que pouvaient étancher les traditions orien-

---

[191] A. C. Doyle, « L'aventure du marchand de couleurs retiré des affaires », *op. cit.*, p. 698.

[192] L'expression est de F. Lacassin, introduction aux *Exploits du Pr Challenger*, *op. cit.*, p. 10.

                                127

tales et le spiritisme. Doyle n'est pas Kipling qui toute sa vie durant trouva dans la maçonnerie une source d'inspiration pour son œuvre et son idéal de vie. L'important pour Conan Doyle était d'établir la possibilité d'une « *religion positive* » (qu'il nomme « *science des religions* ») compatible avec l'enseignement des autres religions[193]. Il y consacra son existence, mais au prix d'un « *suicide littéraire* »[194].

L'intérêt pour le paranormal était si fort chez Doyle qu'on se plaît depuis quelques années à investir les histoires de Sherlock Holmes, une œuvre au demeurant rationnelle, d'éléments ésotériques ou conspirationnistes, notamment au cinéma. *Meurtre par décret* avait ouvert la voie et les derniers avatars holmésiens de Guy Richie sont parsemés d'allusions et de symboles aussi discrets que reconnaissables (franc-maçonnerie, Illuminati, rosicrucianisme, Arbre séphirotique, magie noire, Baphomet, etc.). Des clins d'œil certes ludiques, mais qui confirment une tendance actuelle : un phénomène d'« occultisation » avérée des mass média, qui n'aurait pas forcément ravi le père de Sherlock Holmes.

---

[193] Voir A. Faivre, « Sir Arthur Conan Doyle et les esprits photographiés », in *Robert Louis Stevenson et Arthur Conan Doyle. Aventures de la fiction*, Actes du colloque de Cerisy, Rennes, Terre de Brume, 2003, p. 319.

[194] « *Cette espèce de suicide littéraire au nom d'une cause bien contestable n'allait pas tarder à être définitivement entérinée par le silence de la mort* » (D. Couégnas, « Conan Doyle et Challenger ; de la jubilation narrative au silence littéraire », *art. cit*, p. 48).

BIBLIOGRAPHIE & SOURCES :

Beresiner, Yasha (2007). "Arthur Conan Doyle, Spiritualist and Freemason", *Masonic papers*. Pietre-Stones Review of Freemasonry.

William H. Boyer, Skip. « The Masonic Game is Afoot: Was Sherlock Holmes a Brother? » *Shoso-In Bulletin* 12, no. (2002) : 98-101.

Chabot, Bruce G. « Was Sherlock Holmes a Mason? » *Shoso-In Bulletin* 8, no. (1998) : 117-120.

Fish, Ronald E. « Sherlock Holmes–reemason ? » *The Holmes & Watson Report* 3, N°. 5 (1999) : 27-34.

L. Guillaud, « Les Atlantides occultistes : un cas d'école, *The Maracot Deep* de Conan Doyle », *Atlantides imaginaires : réécriture d'un mythe*, Paris, Ed. Michel Houdiard, 2005, pp. 279-291.

Potter, Barrett G., «Sherlock Holmes and the Masonic Connection» in *Baker Street Miscellanea*, Vol. 45, Spring 1986

Ryder, Cecil A., « A Study in Masonry » in *Sherlock Holmes Journal*, Volume 11, N°. 3, 1973

Runciman, Robert T., « Sir Arthur Conan Doyle, Sherlock Holmes and Freemasonry », *The Transactions of Quatuor Coronati Lodge,* Vol. 104, 1992 ; « Sir Arthur Conan Doyle, Sherlock Holmes and Freemasonry », London, 1991. Ed. Frederick Smythe.

Ryder, Cecil A., « A Study in Masonry » in *Sherlock Holmes Journal*, Volume 11, N°. 3, 1973

Voorhis, Harold V.B., « Sherlock Holmes was a Mason » in *The Royal Arch Mason*, Vol. VIII, N°. 8, Winter 1965.

Phil Walker, PM, "Sherlock Holmes, Sir Arthur Conan Doyle and freemasonry (The Case of Four Masons Who Never Existed)".

Table des Matières

POURQUOI ADHERER A L'ODS

En plus de rassembler toute une « faune de l'espace » passionnée de littératures de l'imaginaire, science-fiction, fantastique, fantasy, etc et tant de chercheurs érudits des univers de l'étrange, l'ODS est une association active qui organise ou coordonne de nombreux événements dans les domaines qui nous intéressent.

C'est un fait que l'activité de publication de fanzines qui était son expression principale à ses débuts a dû être transférée vers notre maison d'édition, EODS, faute de lecteurs assidus dans un secteur qui s'est peu à peu reporté vers le web. Certaines revues ont disparu, d'autres sont nées à cette occasion. Force est de nous adapter au potentiel du lectorat d'aujourd'hui, et nous voilà au XXIe siècle !

Toutefois, tout en nous adaptant, nous tenons, à l'ODS, à préserver cette convivialité qui fut toujours la première motivation de notre existence associative. C'est pourquoi nous poursuivons avant tout l'organisation de rencontres, conférences, congrès, dîners thématiques et autres missions scientifiques autour des thèmes qui nous sont chers. Participer à ces nombreuses activités, les organiser ou permettre à certains invités de venir y présenter leurs travaux, voilà aujourd'hui la vocation de l'ODS. Ainsi, tout au long de l'année, vous êtes conviés à nous rejoindre lors de dîners informels, comme celui du Nouvel Eon en janvier, et toutes sortes de rencontres à thèmes intitulées « on the spot », selon le calendrier de la venue d'auteurs en région parisienne, ainsi qu'à des colloques de haute teneur dont ceux organisés à Rennes-le-Château (ARTBS) ou à Paris comme le Congrès Fortéen, les journées Heuvelmans ou Jacques Bergier, etc, mais aussi à nous rendre visite sur les stands des nombreuses conventions auxquels nous participons.

L'organisation de ces événements et la participation de l'association à ceux organisés par d'autres sont aujourd'hui devenus notre activité principale, car c'est ce qui fait vivre notre univers littéraire et préserve ce caractère unique qui nous plaît. Si certains supports de lecture disparaissent petit à petit au profit de medias plus modernes – du fanzine au webzine, des listes de discussions aux réseaux sociaux, etc. – il reste que nous sommes tous attachés aux livres originaux au format papier, non seulement à l'objet que l'on peut aujourd'hui commander en trois clics, mais surtout à ce qui va autour, c'est-à-dire les rencontres, les discussions, le partage et les possibles collaborations qui s'improvisent au gré des initiatives de nos membres les plus passionnés et, bien entendu, au plaisir de lire !

La participation de chacun à cette fourmillante activité littéraire et autour de la littérature se coordonne le plus simplement possible par le moyen de notre association, et c'est la raison d'être de l'ODS. En y adhérant, et surtout en participant par votre présence et votre concours à ces rencontres, ainsi qu'à la naissance et la réalisation de nouveaux projets, vous nous aidez à prolonger la vie de notre multivers littéraire. Bienvenue à tous et merci pour votre présence !

Emmanuel Thibault, membre du Conseil de AODS

LES ÉDITIONS DE L'ŒIL DU SPHINX

SARL au capital de 15.245 €

R.C.S. Paris B 432 025 864 (2000 B11249)

36-42 rue de la Villette
75019 PARIS
Mail ods@oeildusphinx.com
http://www.œildusphinx.com
http:/boutique.œildusphinx.com
Tél 09.75.32.33.55
Fax 01.42.01.05.38

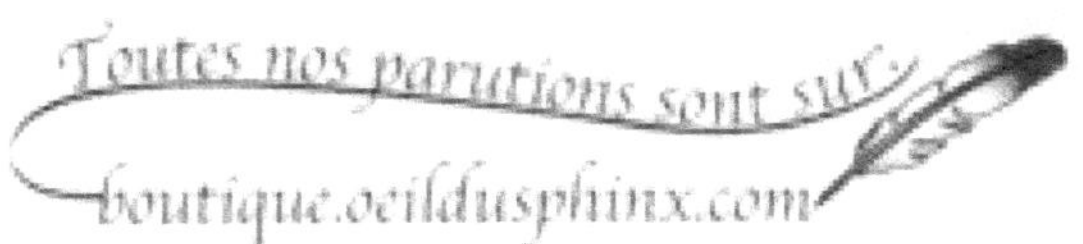